화술박사이자 대한민국 제1호
'출세코치' 윤치영의

세상을 다 끌어안는
긍정 화법

와일드북

와일드북은 한국평생교육원의 출판 브랜드입니다.

세상을 다 끌어안는
긍정 화법

초판 1쇄 인쇄 · 2019년 2월 15일
초판 1쇄 발행 · 2019년 2월 20일

지은이 · 윤치영
발행인 · 유광선
발행처 · 한국평생교육원
편 집 · 장운갑
디자인 · 이종헌

주 소 · (대전) 대전광역시 유성구 도안대로589번길 13 2층
　　　　 (서울) 서울시 서초구 반포대로 14길 30(센츄리 1차오피스텔 1107호)
전 화 · (대전) 042-533-9333 / (서울) 02-597-2228
팩 스 · (대전) 0505-403-3331 / (서울) 02-597-2229

등록번호 · 제2015-30호
이메일 · klec2228@gmail.com

ISBN 979-11-88393-12-1 (13190)
책값은 책표지 뒤에 있습니다.
잘못되거나 파본된 책은 구입하신 서점에서 교환해 드립니다.

이 도서의 국립중앙도서관 출판예정도서목록(CIP)은 서지정보유통지원시스템 홈페이지
(http://seoji.nl.go.kr)와 국가자료공동목록시스템(http://www.nl.go.kr/kolisnet)에서 이
용하실 수 있습니다.(CIP제어번호: CIP2019003698)

이 책은 한국평생교육원이 저작권자의 계약에 따라 발행한 것이므로 저작권법에 따라 무단
전재와 복제를 금합니다. 이 책 내용의 전부 또는 일부를 이용하려면 반드시 저작권자와 한
국평생교육원의 서면동의를 얻어야 합니다.

화술박사이자 대한민국 제1호
'출세코치' 윤치영의

세상을 다 끌어안는

긍정 화법

윤치영 지음

와일드북

| 프롤로그 |

세상을 지혜롭게 사는 단 하나의 기술

　대체적으로 여성들은 남성보다 약속 장소에 늦게 나타난다. 그것은 시간이 없어서가 아니라 자신이 할 일이 없거나 상대 남성에게 정신을 빼앗겼다는 인상을 주지 않기 위해서다.
　이때 여성이 데이트 장소에 늦게 도착하자마자 시계를 들여다보며 "지금이 몇 신데요?" 하는 것보다 "무슨 일이 있었던 건 아니지요?" 하는 말이 훨씬 좋다.
　여성은 남성의 포근하고 넓은 마음을 확인하면 좋아하고 신뢰하게 된다.
　그러나 인상을 쓰면서 "도대체 몇 시야? 한두 번도 아니고……." 하는 남성은 성숙한 남성이기보다는 방금 엄마 젖을 뗀 철부지쯤으로 생각된다.
　만약 여성이 자주 늦게 나오면 한번쯤 이렇게 이야기해보자.
　"늦게 오는 만큼 우리들의 만나는 시간이 줄어든다는 사실을 알아주었으면 좋겠어."

불쑥 내뱉은 말이 화근이 되어 좋은 조건을 가지고도 고달픈 인생을 사는 사람도 많다. 정중하고도 매너 있는 말솜씨가 뒤따라야만 능력을 인정받게 된다. 사회생활은 원하든 원하지 않든 간에 직간접적으로 많은 사람들과 연관을 가지고 있다.

학생들 사이에 공부하는 도중, 담배를 피워도 괜찮은지, 피우면 안 되는지가 문제로 등장했다.

한 학생이 교수님에게 물었다.

"공부할 때 담배를 피워도 괜찮은가요?"

그러자 교수님은 "안 돼!" 하고 격렬한 어조로 대답했다.

"너는 묻는 방법이 잘못됐어. 이번에는 내가 가서 물어 보지."

다른 학생이 교수님께 달려갔다.

"교수님, 담배를 피우는 동안에도 공부를 해야 하나요."

"물론 해야 하고말고."

교수님은 믿음직스럽다는 듯이 대답했다고 한다.

같은 말을 해도 어떤 사람은 예쁘게(모나지 않게, 상대방의 기분에 맞춰) 말해서 귀여움을 받는 사람이 있고 어떤 사람은 귀에 거슬려(거칠거나, 분위기 파악을 못 해) 주는 것 없이 미움을 받치는 사람이 있다.

살아가면서 화가 날 때도 있고 욕하고 싶을 때도 있다. 그럴 때마다 사람들은 화를 내고 욕을 해보지만 결국 다 나에게 돌아온다는 사실이다.

"아이고, 일을 망쳤네. 이제 어떡하나. 막막하구나. 에이 씨……."

화가 나는 현장에서 무슨 소린들 못 하겠는가. 그래서 부정적으로 표현해 본들 무슨 뾰족한 수가 있겠는가? 격하게 화를 표현한다고 무슨 소용이 있겠는가? 화내는 당사자 혈압만 올라가고 욕하는 당사자 입만 거칠어질 뿐이다.

이렇게 표현해 보자.

"야아, 일을 망치고 말았구나! 새롭게 할 수 있으니 천만다행이다. 만약에 실패하지 않았다면 성공이 어렵다는 것을 몰랐을 텐데……. 그래, 다시 주신 기회를 감사하며 새롭게 해보는 거야……."

필자는 30여 년간 3천여 회의 출강과 더불어 39권의 책을 쓰게 되었다. 그리하여 얻은 결론은 바로 칭찬보다 더 강력한 위력은 긍정화법에 있다는 결론에 도달하게 되었고 이제 그 '긍정의 힘'에 관한 책을 쓰는 것이 화술전문가로서의 마지막 사명감이 되었다.

그리스 작가 이솝의 우화 중에 '해와 바람'이라는 이야기가 있다.

길 가는 나그네의 옷을 벗기는 해와 바람의 힘겨루기를 통해 우리에게 교훈을 준다. 결국 나그네 스스로 옷을 벗게 한 것은 세차고 거센 바람이 아닌 따스한 햇볕이었다. '나'를 살리고 '너'를 살리고 '우리' 모두를 살리는 것은 긍정의 힘이다.

대뇌 학자들에 따르면 인간의 뇌세포의 98%는 우리가 평소에 하는 말에 많은 영향을 받는다고 한다. 즉 우리가 평소에 무심결에 내뱉는 말이 우리의 뇌 깊은 속에 씨를 뿌리는 효과와 같다. 그래서 우리가 평소에 들은 말들이 지속적으로 뇌에 쌓이다 보면 그 말이 우리의 삶에도 절대적인 영향을 미친다.

우리가 평소에 말하는 긍정화술은 자신의 삶뿐만 아니라, 그 말을 듣는 상대방에게도 절대적인 영향을 미치게 되는 것이다.

우리 속담에 "말이 씨가 된다."는 격언이 있다. 우리가 무심결에 던지는 한마디의 말에는 생명의 씨앗이 담겨 있다. 스피치의 달인들은 이러한 말이 지닌 오묘한 섭리와 무서움을 잘 알고 있다. 그래서 그들은 항상 긍정적인 화술이 자신의 삶뿐만 아니라 상대방에게도 지대한 영향을 미친다는 사실을 알고 긍정적인 화술을 구사하길 좋아한다.

세상을 살아가며 상담도 하고 때론 설득과 협상도 한다. 때론 지적하거나 질책도 해야 할 때가 있으며 짜증을 내거나 화날 일도 있을 것이다. 그때마다 부정적으로 표현을 하지 말고 긍정적인 표현으로 지적하고 질책하고 짜증내고 화를 내 보자. 놀라운 사실을 확인하게 될 것이다.

지금부터라도 여러분이 하는 모든 말을 긍정적인 화술로 채우길 바란다. 언젠가는 그러한 말들이 씨가 되어 여러분의 삶이 놀랍도록 바꿀 것이다.

전화를 걸 때마다 '축복합니다.'라는 말을 써보자.

행복한 사람의 공통점은 행복의 말을 한다. '축복합니다.'라고 계속 말했더니 정말 축복한 일이 생겼다. 주변 분이 '축복합니다.'라는 말을 3개월 동안 사용하고 수입이 배가 되었다고 한다.

행복하려면 즐겁고 행복한 말을 의도적으로 자주 사용해야 한다. 부정적인 말은 우리 마음속에 자리 잡고 있는 가능성과 잠재력을 사라져버리게 만든다. 반면 긍정적인 말은 행복, 희망, 가능성 등의 밝은 기운들을 북돋워주는 역할을 하게 된다. 언어학자들은 우리가 똑같은 말을 1만 번쯤 반복하면 그 말이 현실로 나타나게 된다고 한다.

실제로 미국에서는 워드테라피(언어치료법)가 유행한다고 하는데 고혈압 환자에게 "나의 혈압은 80에서 120이다."라고 하루 10분씩 6개월간 말하게 함으로써 혈압이 놀랍게 정상적으로 돌아오게 되었다고 한다.

긍정적 표현의 반복이 긍정적인 말을 만드는 탁월한 방법이라는 것이다.

필자가 알고 있는 디스크환자가 있었다. 그분은 너무 허리가 아파 죽고 싶다는 일기를 썼다고 한다. 그런데 이분이 나에게 웃음을 배우고 워드테라피를 배우기 시작하면서 이렇게 말하기 시작했다고 한다.

"허리야, 미안하다. 내가 너에게 정말 사랑하지 못했던 것 미안하다. 앞으로 관리 잘해줄게. 사랑해, 허리야."

이렇게 매일 칭찬해주고 만져주며 늘 웃고 지냈더니 1년 만에 완치판정을 받았다. 정말 웃음과 함께 말이라는 것이 위력적이라는 것을 보게 되었는데 웃음은 가장 긍정적이고 행복한 말이라는 것이다.

쓰지 말아야 할 두 가지 말이 '죽겠다.', '그런 것 같다.'라는 말이다. 뇌의 언어중추신경계가 모든 뇌를 지배한다고 한다. 가장 행복한 말이 바로 웃음이다.

"행복은 생각, 말, 행동이 조화를 이룰 때 찾아온다."

간디의 말이다.

필자는 스피치의 진정한 고수는 '말을 삼갈 줄 아는 경지에 오른 사람'이라 강조한다. 입구口자가 세 개가 모이면 품品자가 된다. 자고로 입을 잘 단속하는 것이 품격의 기본이다. 말속에 인격이 있고, 행동 속에 품격이 있다. 물고기가 입을 잘못 놀려 미끼에 걸리듯 사람도 입을 잘못 놀려 화를 자초하는 법이다. 화가 났더라도 순화시켜 표현할 줄 아는 절제력이야말로 그 사람의 인격의 바로미터이다.

이 책은 단순히 화법에 관한 책이 아니다. 삶을 슬기롭게 풀어가는 지혜를 말하고 있으며 내적으로 강력한 동기를 얻어 외적으로 강력한 성장 동력과 살아가는 추진력을 얻을 수 있는 방법을 기술하고 있다.

세상을 긍정적으로 보면 안 될 일도 된다. 그러나 부정적으로 보면 될 일도 안 됨을 우리는 살아가면서 경험하고 깨닫는다.

긍정의 힘이 세상을 바꾸고 우리의 삶을 바꾼다는 사실을 모르는 사람은 없다. 그럼 어떻게 하면 긍정적 관점으로 긍정적 태도로 긍정적 말과 행동을 할 수 있을까?

그 문제를 함께 고민하고 풀어 보고자 이 책을 쓰게 되었다.

2019년 1월 30일
출세코치 윤치영 화술박사

'출세코치'란 실력과 내공을 쌓아 자신 있게 세상에 나와 당당히 활동할 수 있도록 코칭하는 직업으로 윤치영 화술박사는 자칭 대한민국 제1호 '출세코치'이다.

프롤로그 세상을 지혜롭게 사는 단 하나의 기술 _ 4

제❶장 긍정의 힘은 강하다

1 삶의 최고의 무기 – 긍정 …………………………………… 17
2 작은 것이 아름답다 ……………………………………… 21
3 희망 대체의 법칙 ………………………………………… 24
4 사는 재미 ………………………………………………… 27
    쉬어가기 | 세 가지 질문 _ 30

제❷장 긍정화

1 Dream is now here ……………………………………… 39
2 긍정적으로 바라보기 …………………………………… 41
3 화기(和氣)는 행운을 부른다 …………………………… 45
4 감정을 조절하자 ………………………………………… 47
    쉬어가기 | 감정조절을 위한 5단계 전략 _ 51
5 이미지 메이크업 ………………………………………… 55
6 긍정적으로 마음을 다스리는 일 ……………………… 63
7 시련과 역경은 좋은 기회를 제공한다 ………………… 67
8 움직이지 않으면 위축되어 간다 ……………………… 71
9 내적 평화를 찾아야 한다 ……………………………… 77
10 바로 오늘부터 자신 있게 살도록 하자 ……………… 80

제3장 세상을 다 끌어안는 긍정의 힘

1 아름답게 말하기 ·· 85
2 긍정적 삶 만들기 ·· 87
3 행복한 억만장자들이 '운'을 끌어들이는 법 ············· 91
4 돌아오지 않는 세 가지 ··· 94
5 세상을 다 끌어안는 긍정화법 ································· 96
6 최고의 긍정화법 ·· 101

쉬어가기 | 사랑스런 말 _ 107

7 긍법화법의 4가지 말 ··· 110
8 말은 축복의 샘이다 ··· 115
9 말의 4력 ··· 120
10 말의 선택이 중요한 이유 ······································ 123
11 시너지 효과를 가져 오는 말을 하자 ······················ 126
12 삶을 디자인하는 말 ··· 131
13 외교관처럼 대화하자 ··· 136

제4장 공감적 대화법

1 공감 훈련 ·· 141
2 공감 표현 방법 3가지 ·· 143
3 화낼 일조차 긍정적으로 풀 수 있다 ··· 146
4 긍정화법 따라 하기 ·· 150
5 뒤집으면 모두가 감사 ·· 159
6 공격당하면 웃어주자 ·· 162
   쉬어가기 | 피해야 할 말 _ 163

7 상대를 감동시키는 법 ·· 165
8 감정표현을 묶어 두지 말고 풀어놓자 ······································ 169
9 대화에도 시작과 끝이 중요하다 ·· 172
10 공감을 표현하는 방법 ·· 174
11 경이로운 스몰토크 ·· 177
   쉬어가기 _ 180

12 '무엇을'(What)보다 '어떻게'(How)가 중요하다 ························ 182

제5장 화법의 원칙

1 상대에 걸맞은 화법 ·· 189
2 소통하자 ··· 194
3 최악의 커뮤니케이션 10가지 ····································· 199
4 어떻게 해야 말을 잘할 수 있을까 ······························· 203
5 감동을 주고 호감받는 감성 스피치(감성화법) ·············· 207
6 언어의 마술, 칭찬 ··· 211
7 비난 질책 화법 ··· 214
8 비즈니스 협상술 ··· 220
9 사람의 마음을 여는 대화법 ······································ 225
10 말다툼은 결코 싸움에서 승리할 수 없다 ·················· 231
11 대화 시 바른 자세 ·· 234
12 아랫사람을 다스릴 줄 알아야 진정한 리더다 ············ 242

에필로그 ·· 245
부록 | 긍정화, 긍정적 자기 암시적 선언 ······················ 252

제 1 장
긍정의 힘은 강하다

당신이 아름다운 이유는
다른 사람보다 더 멋있고, 더 능력이 있고,
더 매력적이기 때문이 아닙니다.
세상에 당신 존재가 당신밖에 없기 때문입니다.
특별한 당신은 당신부터 사랑하십시오.

1 삶의 최고의 무기 – 긍정

> 긍정은 당신이 무언가를 하도록 하는 데 도움이 된다. 긍정이란 믿음의 적극적인 표현이다. 부정적인 자신과의 대화에서 10분의 1만 긍정적으로 말할 수 있다면 커다란 변화를 느낄 수 있을 것이다.
>
> – 줄리아 카메론, 〈아티스트 웨이(경당)〉

사업을 하든, 직장을 다니든지 간에 우리는 어디서든 격려와 칭찬을 받는 일보다는 그렇지 않은 경우가 많다. 그래서 알게 모르게 자기 자신을 부정적으로 대하게 되는 경우가 생겨나게 된다. '난 재능이 부족해, 난 영리하지 못해, 독창적이지 않아, 너무 늦어서' 등과 같은, 꼬리에 꼬리를 무는 부정문으로 자기 자신을 묘사하게 여념이 없는 경우를 자주 만나게 되면 어떻게 하는 것이 좋을까?

만일 이런 상황을 벗어날 수가 없다면 누구든지 자신의 역량을 제대로 발휘하기 어렵다. 그래서 누구든지 인생에서 자신의 목표를 뛰어넘어 세계를 지향하는 사람이라면 우선은 자신을 긍정으로 묘사하는 데 익숙해져야 한다.

먼저 자신에게서 나오는 말을 통제할 수 있어야 한다. 부정문을 가능한 긍정문으로 대체하는 노력을 해보자. 여러분들이 자주 사용하는 언어를 유심히 조사해 보자. 이따금 여러분들은 잠재의식이 내뱉는 불쾌한 말들에 놀랄 것이다. 그것들을 하나하나 차근차근 적어 보면 여러분들이 개인적으로 갖고 있는 부정적인 믿음의 실체를 드러낼 수 있다.

그것은 여러분들의 창조성을 억제하고 있다. 줄리아 카메론은 여러분에게 사설탐정이 되어 보라고 권한다. 과거로 되돌아가서 언제, 어떤 순간부터 그런 부정문이 여러분들을 휘감기 시작하였는지를 샅샅이 조사해 보기를 조언한다.

무심코 튀어나온 그 추한 말들을 어디에서 왔을까?

과거를 샅샅이 뒤져보자. 적어도 그중 몇 가지에 대한 기억은 마음속에서 격렬하게 솟구쳐 오를 것이다. 출처를 찾는 데는 시간여행이 효과적이다.

인생을 5년 단위로 나누고 각각의 시기에 커다란 영향을 미친 것이 무엇인지 써 보라. 언어 가운데 부정문을 통제하는 것은 중요하긴 하지만 수동적인 방법 가운데 하나이다.

좀 더 적극적인 방법에는 어떤 것이 있을까?

스스로 자신에 대해 자부심과 자긍심을 하나하나 축적해 가는 노력을 기울일 필요가 있다. 어떻게 하면 되는가?

우리는 매일매일 자신과 많은 약속들을 한다.

'오늘은 이런저런 일을 하고야 말 거야.', '오늘은 이런 일을 반드시 해야 해.'

이런 것들을 적당히 넘겨서는 안 된다. 그것은 하나하나가 모두 여러분 자신과 맺은 약속이다.

　약속을 고쳐 나가는 습관을 들여야 한다. 할 수 없는 일이라면 처음부터 자신과 약속을 하지 않아야 한다. 일단 자신과 약속을 정하고 나면 아주 예외적인 일이 아니면 반드시 약속을 지키도록 해야 한다.

　약속을 하나하나 지키는 과정에서 눈에 보이지 않지만 대단히 중요한 자산을 하나하나 만들어 가게 된다. 그때 자산은 바로 자부심과 자신감 그리고 자긍심이다. 자신에 대한 믿음을 가진 사람들은 항상 도전적이다. 남이 가지 않는 길을 찾아 떠나는 데서 오는 두려움을 극복할 수 있다. 변화가 요동치는 이 시대에 필요한 것은 가지 않는 길을 두려움 없이 뚜벅뚜벅 갈 수 있는 것이다.

　솔직함은 나(I)로부터 출발한다.
　신독愼獨이 그것이다.
　홀로 있어도 흐트러짐이 없는 상태 그것이 곧 마음의 평정으로 다가온다. 마음의 평화를 얻고자 한다면 자기 자신에게 솔직해야 한다.

　다음의 너You와의 솔직함이다. 젝웰치는 절대적 솔직함Candor이라 했다. 캔더는 앞뒤 재지 않는 진실함을 뜻한다. 절대적 솔직함이 결국 인간적 매력을 갖게 한다. 꼼수를 부리는 사람은 얼마 가지 않아 속이 드러나게 되어 있어 실망감이 크다.

　자기 자신에 대한 '자존감'은 바로 이 솔직함으로부터 비롯된다.

나에 대한 도덕성과 윤리성, 정직함이 자신감으로 나타나게 되며 그 자신감이 당당함으로 세상과 맞닥뜨릴 수 있는 용기를 갖게 할 수 있다. 그런데 그 용기의 기본에는 긍정적 마인드가 깔려 있어야 한다. 그렇지 않고 부정적인 마인드 위에 용기는 객기일 수 있다. 도덕적으로 실력이 쌓이지 않은 상태에서의 객기는 다른 이에게 큰 상처를 줄 수 있으며 본인에게도 지속적인 성장 동력을 얻지 못하고 깊은 늪으로 추락하고 만다.

2
작은 것이 아름답다

다이어트 첫날이다. 곡기를 끊었는데 저녁에 귀한 초대를 받았지만 구경만 했다. 먹고 싶은 것을 마음껏 먹을 수 있다는 것이야말로 감사한 일 중에 하나라는 사실을 새삼 절감했다.

10일+10일, 몸의 변화를 상상하며 먹고 싶은 욕구를 참아야 한다. 아니, 체질개선으로 건강한 몸으로 평생 현역으로 뛰어야 한다는 간절함으로……

볼 수 있고, 들을 수 있고, 느낄 수 있고, 먹을 수 있다는 것……. 얼마나 축복받은 일인지, 얼마나 감사한 일인지를 알 것 같다. 그렇다. 일상적인 것이 기적이다. 일상적인 것이 축복이다.

자고 나면 D+5일차다. 무언들 맛이 없겠는가? 없어서 못 먹는 식성으로 타고 났다. 그 식성 때문에 30여 년간 외길로 오전 6시부터 밤12시까지 움직여도 버티어 온 나다. 그러던 내가 삼시세끼 습관처럼 먹던 음식을 끊었다.

그동안 얼마나 질리게 먹었던지 하루 이틀은 오히려 속이 편안하고 정신조차 초롱초롱했다. 그런데 저녁 정기모임조차 피했음에도 불구하고 오후 7시에 접어들자 식욕이 발동했다.

결국 참지 못하고 폭식하고 말았다. 눈요기를 해버리고 말았기 때문이다. 마음껏······.

인간은 얼마나 기본적 욕구(식욕, 성욕, 수면욕, 명예욕, 소유욕, 과시욕, 성취욕)에 얽매여 있는지 새삼 놀라지 않을 수 없다.

욕구를 다스릴 수 있는 절제력을 가져야 한다. 그래야 내 몸을 내가 스스로 컨트롤할 수 있지 않겠는가?

내가 나를 다스리자. 습관처럼 하던 일들이 이롭지 못하다면 조정하고 조율하자. 체질개선과 습관을 바꾸기 위한 이번 다이어트를 계기로 꼭 필요한 것만 하자.

조금은 절제된 몸가짐으로 더 넓게 더 깊게 세상을 향유하자. 몸을 비우니 정신세계가 광활해진다. 그래서 좋다. 내 몸이 바뀔 상상을 하며 나를 이기고 있다.

누구나 나이를 먹는다. 19세기 폴란드 시인 노드비트는 나이 들수록 중요한 것이 '네 가지의 균형'이 있다고 말한다.

이는 행복을 위한 조건과 같은 것인데 첫째 먹고 살 것, 둘째 삶의 의미를 주는 것, 셋째 목숨을 바칠 정도로 재밌는 것을 가져야 한다는 것이다. 그리고 마지막으로 건강이다. 건강을 잃으면 모두가 허망한 것이다. 따라서 건강할 때 건강을 지켜야 하고 건강하기 위해서 한번쯤 습관과 체질을 바꿀 필요가 있다.

독수리처럼 녹슨 깃털과 발톱을 다 뽑아 버리고 새 깃털과 새 발톱과 새 부리로 무장하여야 더 왕성한 활동을 할 수 있다.

이번 다이어트의 의미는 솔개가 자기 부리로 발톱과 깃털을 뽑아 버리고 새 깃털과 발톱으로 무장 후 창공을 높이 날아오르듯 날렵한 모습으로 강연 무대에 서리라.

습관과 체질을 바꾸기 위한 다이어트 10일차, 이제 계획했던 1차 프로그램이 끝났다. 끝은 새로운 시작이라고 했다. 다이어트는 단순히 체중감량이 아니라 습관과 삶의 방식을 바꾸는 일인 것 같다. 따라서 앞으로도 상황에 따라 간헐적 다이어트와 소식으로 체중을 관리할 것이다.

10일간 고생한 보상으로 멸치볶음과 깍두기를 놓고 캔 맥주 한 잔을 즐겼다.

"와아, 이렇게 맛있을 수가……. 이렇게 귀할 수가 있을까?"

그렇다. 그동안은 너무 기름지게 너무 푸짐하게 너무 과한 밥상이었다.

Small is beautiful이다. 작은 것이 아름답다.

소박한 일상, 작은 것들을 감사히 즐기자!

3 희망 대체의 법칙

어느 마을에 성질이 포악하고 하루하루 술을 의지하며 살아가는 남자가 있었다.

항상 마을 사람들에게 폐만 끼치는 남자는 '나처럼 쓸모없는 놈은 노력해 봐야 소용없어.'라고 말하며 그냥 자기 멋대로 살았다.

어느 날 남자가 마을 대로에 서서 술을 내놓으라며 지나가는 사람들에게 거친 행패를 부리고 있었다. 사람들이 모두 남자를 피하는 가운데 한 노인이 남자에게 말했다.

"그렇게 술을 원하거든 내 부탁을 잠시 들어주게. 그러면 자네가 원하는 술을 대접하지."

술을 준다는 말에 남자는 노인을 따라갔다. 노인은 바닥이 조금 갈라져서 물이 새는 두레박을 남자에게 주며 우물물을 길어 달라고 했다.

"아니 어르신, 이 두레박이 깨졌어요. 이런 걸로 물을 어떻게 담아요?"

그러나 하지 않으면 술을 주지 않겠다는 말에 남자는 물을 뜨기 시작했다. 깨진 두레박으로 우물물을 길어 올리는 동안 두레박의 물은 반이 새어 나갔다. 그러나 남은 절반의 물이라도 계속 길어 올리자 어느새 물독이 가득 찼다.

드디어 가득 찬 물독을 바라보는 남자에게 노인이 부드럽게 말했다.

"자네가 들고 있는 깨진 두레박이 쓸모없어 보여도 꾸준히 노력하면 물독을 가득 채울 수 있네. 자네도 조금은 흠이 있는 사람이지만 꾸준히 노력하면 반드시 이룰 수 있는 것이 있을 터이니 삶을 쉽게 포기하지 말게나."

런던의 길 한 모퉁이에서 구두를 닦는 소년이 있었다. 빚 때문에 감옥에 간힌 아버지를 대신하여 집안 살림을 꾸려나가야 했던 것이다.

소년은 매일 새벽부터 밤늦게까지 행인들의 구두를 닦았는데, 한 번도 인상을 찌푸리는 일이 없었다. 늘 노래를 흥얼거리며 밝게 웃는 모습이었다.

사람들은 소년에게 물었다.

"구두 닦는 일이 뭐가 그렇게 좋으니?"

그때마다 소년의 대답은 한결같았다.

"당연히 즐겁지요. 지금 저는 구두를 닦는 게 아니라 희망을 닦고 있거든요."

이 소년이 바로 올리버 트위스트를 쓴 세계적인 천재작가 찰스 디

킨스다. 소년 찰스는 일반 사람들 눈에 불쌍해 보일 수밖에 없는, 시쳇말로 불우소년이었다. 그런 그가 삶을 비관하지 않고 오히려 콧노래를 부를 수 있었던 비결은 바로 희망이었다.

희망은 절망을 몰아낸다. 절망감이 엄습할 때 절망을 상대로 씨름을 해가지고는 절망을 벗어나지 못한다. 하지만 절망이 밀려올 때 절망을 보지 않고 희망을 붙들면 절망은 발붙일 틈이 없게 된다.

이 현상을 어떻게 설명할 수 있을까?

우리는 이를 대체의 법칙으로 해명할 수 있다. 심리학에 기초를 둔 이 원리는 말하자면 이렇다. 사람의 뇌는 동시에 두 가지 반대 감정을 가질 수 없다. 곧 사람의 머리에는 오직 한 의자만 놓여 있어서 여기에 절망이 먼저 앉아버리면 희망이 함께 앉을 수 없고, 반대로 희망이 먼저 앉아버리면 절망이 함께 앉을 수 없다는 것이다.

내가 불안해하고 있는 동안에는 나에게 평화가 올 수 없다. 내가 평화를 선택하면 불안이 들어오지 않는다. 의자는 하나다.

자꾸 희망을 가져야 한다. 이루어지든지 말든지 계속 좋은 것을 상상하자. 그러면 된다. 연거푸 희망을 품는 것이 절망을 몰아내는 상책인 것이다.

셰익스피어는 말한다.

불행을 치유하는 약, 그것은 희망 이 외에는 없다.

4 사는 재미

'태어날 때 알몸으로 왔다가 옷 한 벌은 건졌잖소.' 하는 노래가 있다. 그러나 상대적으로 비교를 하는 순간 우리는 비참해지기도 하고 위축되는 삶을 살게 되며 행복은 늘 멀리 있을 수밖에 없다.

요즈음 집 없는 서민들의 한숨소리는 높아만 간다. 그렇다고 집을 가진 사람들은 편안할까? 아니다. 사람을 바라보고 환경을 바라보는 상대적 비교는 끝 간 데가 없는 법이다. 대전의 아파트값이 오를 대로 오르고 있지만 또 그들은 서울 강남을 비교하며 한숨소리를 높인다.

절대 비교 기준을 지혜롭게 체득하여 감사의 사이즈를 넓히는 것이 행복의 지름길일 것이다. 영혼과 육체, 환경에서 큰 고난과 시련을 겪은 후 이겨낸 사람들의 공통점은 어려움이나 고통에도 두려움이나 엄살이 적고 사소한 것 하나에도 감사하게 된다는 것이다.

그러므로 감사의 지경을 넓혀야 한다. 힘들다고 느낄 때마다 다른 이들을 바라보다 위축되고 슬퍼지면 지금 있는 것에서 내가 빼앗기면 안 될 것들을 세어보고 아직도 내게 있는 많은 것들을 감사하는 습관을 가져보자.

생명을 감사하고, 건강과 일과 노동을 감사하고, 가정과 가족을 감사하며, 주변 사람들과 장미꽃 하나도 감사하고 그리고 오히려 장미꽃의 가시조차 감사함으로 바라볼 수 있을 때 우리는 남들과의 비교의식에서 벗어나 열린 마음, 감사하는 마음으로 1회적인 일생을 제대로 채울 수가 있는 것이다.

필자도 남들을 바라볼 때 많이 위축되곤 하던 때가 있었다.

불황이 아닌듯하면서도 은근하고도 장기적인 불황에 생계에까지 위협을 받거나 그 우울한 절망에 짓눌리는 사람들이 좀처럼 줄지 않는 요즈음 "요즘 사시는 재미가 어떠세요?"라고 물으면 많은 이들이 입버릇처럼 "묻지 마세요……. 세상이 왜 이렇게 시끄러운지 모르겠습니다. 어수선합니다."라고 대답한다.

사실 어수선하고 복잡한 시대임엔 틀림없겠으나 이럴 때일수록 상대적인 박탈감이나 빈곤감이 우리들의 가슴을 더 압박해오지는 않는지 뒤돌아볼 일이다.

세상이 시끄럽고 복잡해도 분명한 것은 역사는 뒷걸음치는 법이 없다는 것이다. 흐르는 물처럼, 시간처럼 언제나 앞으로 나아간다. 역사는 돌고 돈다고 말한다. 그러나 쳇바퀴처럼 같은 자리를 반복해서 도는 것이 아니라 나사처럼 돌면서 위로 올라간다. 역사는 앞으로 나가는 것이며, 위를 향해 발전하는 것이다.

우리의 인생도 한때는 힘들고 어려워 보이지만 앞으로 나가게 마련이다. 한때 소용돌이처럼 이는 작은 현상에 집착하지 말고 거대한 본질을 보자. 그러면 조금은 가벼워지리라.

 요즘 사는 재미가 어떠냐고 묻거든 "좋습니다.", "대단합니다.", "환상적입니다.", "끝내줍니다. 아주 잘 돌아갑니다."라고 대답할 수 있는 그런 세상이 오기를 바라면서 말이다.

쉬어가기
세 가지 질문

1 당신은 어떤 일에 미쳐 보았는가

    미친다는 것은 온전히 빠진다는 것이다. 빗방울이 한두 방울 떨어질 때는 조금이라도 젖을까 봐 피하려 하지만 온몸이 젖으면 더 이상 비가 두렵지 않다.

    어릴 적 젖은 채로 빗속을 즐겁게 뛰어다니며 놀던 기억이 있을 것이다. 비에 젖으면 비를 두려워하지 않듯이 사랑에 젖으면 사랑이 두렵지 않다. 희망에 젖으면 미래가 두렵지 않다. 무언가에 빠지면 두렵지 않은 법이다.

    어린아이를 수영장에 데리고 가면 처음에는 물속에 들어가지 않으려고 발버둥 친다. 그러나 한 발 들여놓고 두 발 들여놓고 몸이 물속에 잠기면 그때부터는 물과 친해져 시간가는 줄 모르고 노는 모습을 볼 수 있다.

한 발만 살짝 들여놓으면 물이 두렵다.

그러나 물에 몸을 맡기는 순간 그 두려움은 사라지고 물속에서 즐거운 시간을 보낼 수 있다. 그것이 온전히 즐기는 방법이다.

일, 돈, 사랑, 취미, 스포츠……

미쳐 본 사람만이 다른 일에 미칠 수 있다. 음악이든 예술이든 스포츠든 사랑이든 어떤 일에 미쳐 본 사람이라면 다른 일에도 열정을 뿜어 낼 수 있기 때문이다.

난 내 운명을 사랑한다. 그리고 그 운명을 즐기고 있다. 책을 내고 강의를 하고 제자들을 코칭하고 MTB 라이딩하고, 탁구를 치고…….

불광불급(不狂不及), 미쳐야 미친다.

어떤 일이든 미쳐야 그곳 그 목표에 이를 수 있다. 그러나 필자는 불광불낙(不狂不樂)이라 말하고 싶다.

미쳐야 즐거워진다. 미쳐야 한다. 여러분의 일을…….

미쳐야 한다. 어러분의 인생과 운명을…….

2   당신은 목숨을 바쳐 사랑해 보았는가

일, 돈, 사랑, 취미, 스포츠…….

언제 왔다 갔는지 모르게 오는 사랑도 있지만 가슴이 깊은 상처를 남기는 사랑도 있다.

사랑을 해본 사람이 인생의 깊은 맛을 알 수 있다. 그리움과 아쉬움으로 가득 찬 사랑, 보고 있어도 보고 싶은 사랑, 찢어질 듯한 아픈 이별과 가슴 저미도록 처절한 그리움에 밤을 새워 본 사람이라면 진정 사람을 그리워할 줄 알고 사람을 섬길 줄 알게 된다.

사랑은 진정한 어른으로 거듭나게 하는 과정이며 영혼을 깨우는 행위이다.

피카소는 72세에 27살의 재클린을 만났다. 재클린은 임종을 지킨 마지막 애인이었다. 피카소는 나이와 상관없이 젊고 아름다운 아가씨를 사귀었으며 애인을 자기 예술의 세계로 끌어 들였다. 사랑은 인생을 바꾸어 놓은 삶의 터닝 포인트가 되기도 한다.

사랑하라. 목숨을 바쳐서……. 두 번 다시 못 할 것 같은 사랑을…….

3 다시는 재기하지 못한 실패를 경험해 보았는가

'여기까지 잘 오셨습니다.'

김창옥 교수의 강의 제목이기도 하다.

태어나 공부하고 경험하고 취업하고 결혼하고……. 수많은 고개를 넘어 오면서 넘어지고 깨어지고, 낙담하고 좌절하고…….

죽음을 생각해 보지 않고 어른이 된 사람이 있을까? 있다면 미성숙 어른일 것이다.

쇠가 단단해지기 위해서는 담금질이 필요하고 배추를 절여 김치를 담그면 숙성시키고 발효시키는 과정이 필요하듯 인생 또한 마찬가지다.

실패를 두려워하지 마라. 고난을 두려워하지 마라. 이별을 두려워하지 마라. 그만큼 무르익어 가는 과정이다. 진정한 어른이 되어 가는 과정일 뿐이다.

아파 본 사람만이 건강함에 감사할 줄 알고, 불행에 처해 본 사람만이 행복을 알고, 이별해 본 사람만이 사람의 소중함을 알게 된다.

괴테가 '눈물 젖은 빵조각을 먹어보지 않은 자는 인생을 논하지 말라'고 말했듯이 고통과 고난의 긴 터널을 지나보아야 평범한 일상의 소중함을 알게 된다. 일상이 기적이고 일상이 행복이다.

세상을 내 품으로 '긍정화'를 위한 Tip

◆ **새로운 일에 도전하자.**
즐거움이 생기면 '좋은 스트레스'에 의해 '나쁜 스트레스'가 완화된다. 너무 욕심을 내면 역효과가 기다리고 있다.

◆ **긍정적인 생각을 하자.**
싫은 일에서도 즐거운 면을 찾아낸다. 싫은 상사와 만나는 중에는 상대방의 기묘한 버릇을 즐긴다거나 하는 등 새로운 생각으로 사람과 사물과 상황을 본다.

◆ **큰 소리로 운다.**
운 다음에는 기분이 안정되는 경우가 많다. 슬픈 영화나 음악의 도움을 빌려도 좋다.

◆ **운동을 하자.**
격렬한 운동을 할 시간이 없다면 간단한 스트레칭도 좋다.

◆ **웃는다.**
웃음은 스트레스를 줄이고 면역력을 높인다. 자발적으로 미소 띤 얼굴을 만들어보는 것만으로도 효과가 있다.

◆ **욕조에서 휴식.**
미지근한 욕조에 30분 정도 몸을 담그면 자율신경이 교감신경(긴장상태)에서 부교감신경(이완상태)으로 바뀐다.

◆ **새로운 이미지를 가진다.**
생각하면 할수록 기억은 고착된다. 싫은 게 머릿속에 떠오른다면 기분 좋은 이미지로 바꿔야 한다.

◆ **옛날 생각을 하자.**
즐거웠던 옛 일을 떠올리거나 당시 좋았던 곡을 듣는 것도 기분전환이 된다.

◆ **주장한다.**
주위를 생각하지 않고 생각한 것이나 감정을 솔직하게 표현해 본다.

◆ **따뜻한 우유를 마신다.**
취침 전에 마시면 수면을 촉진하는 뇌 내 물질 멜라토닌이 증가한다.

◆ **과식하지 않는다.**
스트레스는 혈당치를 올린다. 과식으로 혈당 컨트롤을 더욱 방해받으면 당뇨병 등의 위험성이 증가한다.

◆ **요리를 한다.**
요리 중에는 뇌가 활성화되고, 기분전환에도 좋다. 자신이 만든 요리는 식사 중에 만족감을 늘린다.

◆ **대충대충 한다.**
모든 것에 완벽을 추구하면 초조해지는 경우가 많다. 일정한 선을 넘으면 OK라고 하는 사고도 필요하다.

◆ **잘 씹는다.**
저작(씹는 것)도 리듬 운동의 하나다. 소화가 진행돼 위장의 상태가 좋아진다.

◆ **돈에 구애받지 않는다.**
부유층일수록 스트레스가 많다는 조사결과가 있다. 돈이 모든 것이라는 사고를 버려본다.

◆ **명상을 한다.**
스트레스 내성을 기르는 방법으로 전미정신위생협회는 매일 10~20분간 명상을 장려하고 있다.

◆ **결과는 자면서 기다리자.**
고민이 있다면 하룻밤 자면서 생각해보자. 수면을 취하는 편이 깨닫기 쉽다는 조사결과가 있다.

◆ **순조로운 일에 집중하자.**
밝은 전망을 가질 수 있는 일에 의식을 집중한다면 적극적인 기분이 된다.

◆ **10분 릴랙스 법.**
10분간 조용한 장소에서 눈을 감고 좋아하는 말을 반복한다. 그러면 뇌의 활동을 진정시킬 수 있다.

- ◆ **우선순위를 매긴다.**
생각하고 있는 일을 모두 해치우지 못해 스트레스가 되는 경우도 있다. 정말 중요한 것은 무엇인가를 생각해보자.

- ◆ **야채 스프.**
따뜻한 음식은 마음을 이완시키며, 수프에 녹아 있는 영양분은 흡수가 잘된다.

- ◆ **허브차.**
향기로 이완함과 동시에 허브의 약리작용을 기대할 수 있다. 레몬밤, 카모밀 등.

- ◆ **아침 식사를 거르지 말자.**
아침 식사는 하루의 활동을 시작하는 에너지를 뇌와 몸에 부여한다. 먹지 않는 사람일수록 신체의 부조화나 스트레스가 높아진다는 조사결과도 있다.

- ◆ **마사지.**
스트레스 호르몬의 양이 감소하는 것이 과학적으로 증명되고 있다.

- ◆ **노래를 부른다.**
노래방에서 스트레스를 해소하는 사람이 많은데, 노래를 부르면 복식호흡이 되어 심신의 긴장이 모두 풀어진다.

- ◆ **심호흡을 한다.**
불안이나 긴장 상태에서는 호흡이 얕아진다. 천천히 깊게 복식호흡을 하면 긴장이 완화된다.

- ◆ **별을 본다.**
넓은 밤하늘이 마음을 해방시켜 주며, 먼 곳을 바라보면 눈의 피로도 풀어진다.

- ◆ **뒷짐을 지고 걷는다.**
가벼운 운동은 기분전환을 가져 온다. 일을 하는 중에도 잠시 자리를 떠나본다.

제 2 장
긍정화

- 이미지 메이크업-화기(和氣)는 행운을 부른다
- 신체적 기(氣)를 통해서 긍정화
- 시각화(Visualization) 훈련-긍정적으로 바라보기
- 가역성 법칙-자기개방(self-disclosure)의 힘
- 자기암시법(自己暗示) 효과

1
Dream is now here

가난한 집안에서 태어난 형제가 있었다.

같은 환경에서 자란 두 사람은 너무도 다른 삶을 살게 되었다.

형은 거리의 걸인 신세를 면하지 못했지만 동생은 박사 학위를 따고 인정받는 대학에서 교수가 되었다.

한 기자가 이들의 사정을 듣고 어떻게 똑같은 환경에서 이렇게 다른 인물이 나오게 되었는지 연구하게 되었다.

오랜 연구 끝에 기자는 특이한 액자 하나를 발견하게 되었다.

형제가 자란 집에는 Dream is nowhere!(꿈은 어느 곳에도 없다!)라고 적힌 조그만 액자가 있었다.

꿈이 없다니······.

기자는 형제에게 그 액자가 기억나느냐고 질문을 던졌다.

형은 이렇게 대답했습니다.

"네 있었죠. Dream is nowhere!(꿈은 어느 곳에도 없다!) 20년 넘게 우리 집에 있던 액자였죠. 전 늘 그것을 보며 자랐어요."

인생의 성공을 거둔 동생은 미소 지으며 이렇게 말했다.

"네, 있었죠. 하지만 저는 띄어쓰기를 달리 해서 보았죠. Dream is now here!(꿈은 바로 여기에 있다!) 전 늘 그렇게 생각하며 자랐죠."

당신은 살아가면서 어떤 검색 엔진을 사용하고 있는가?
부정적인 생각과 말을 검색하고 있는가? 아니면 긍정적인 생각과 말을 검색하고 있는가?
모든 것에서 가능성과 긍정적인 것을 찾아내는 사람에게는 인생의 아름다운 성공 교향곡이 연주되는 법이다.

2 긍정적으로 바라보기

　옛날에 한 선비가 과거 시험을 치르러 한양에 갔다. 시험을 치르기 이틀 전에 연거푸 세 번이나 꿈을 꾸었다.
　첫 번째 꿈은 벽에 배추를 심는 것이었고,
　두 번째 꿈은 비가 오는데 두건을 쓰고 우산을 쓰고 있는 것이었으며,
　세 번째 꿈은 마음으로 사랑하던 여인과 등을 맞대고 누워 있는 것이었다.
　세 꿈이 다 심상치 않아 점쟁이를 찾아가서 물었더니 점쟁이 하는 말이, "벽 위에 배추를 심으니 헛된 일을 한다는 것이고, 두건을 쓰고 우산을 쓰니 또 헛수고 한다는 것이며, 사랑하는 여인과 등을 졌으니 그것도 헛일이라는 것이니, 어서 빨리 고향으로 돌아가는 게 좋겠소."라고 해몽을 해주었다.
　점쟁이의 말을 들은 젊은이는 풀이 죽어 고향으로 돌아가려고 짐을 챙기는데, "아니, 선비양반! 내일이 시험 치는 날인데 왜 짐을 싸시오?" 하며 여관주인이 자초지종을 물었다.

풀이 죽은 젊은 선비가 꿈 이야기를 하자, 여관 주인이 환한 미소를 지으며 해몽을 해주었다.

"벽 위에 배추를 심었으니 높은 성적으로 합격한다는 것이고, 두건을 쓰고 우산을 썼으니 이번만큼은 철저하게 준비했다는 것이며, 몸만 돌리면 사랑하는 여인을 품에 안을 수 있으니 쉽게 뜻을 이룬다는 뜻이네요. 그러니 이번 시험은 꼭 봐야하겠소"

여관 주인 말을 들은 젊은 선비는 용기를 얻어 과거시험을 보았는데, 높은 성적으로 합격할 수 있었다.

같은 내용을 놓고 어떤 시각으로 바라보느냐에 따라 성패가 좌우된다는 것이다. 그래서 '긍정의 힘은 위대하다!'고 했다.

모든 사물을 긍정적인 사고와 긍정적인 시선으로 바라 볼 때에만 거기에서 새로운 창조가 발견되며 새로운 신화를 창조할 수 있는 것이다.

사물을 어떻게 중립적으로 바라볼지, 그리고 어떻게 변화시킬지에 대해 이야기하고자 한다.

'어떠한 상황도 그것 자체가 지닌 본질적인 의미는 없다.'

이 물리적인 현실에서 일어나는 모든 일, 모든 상징, 비유는 기본적으로 중립이다. 여러분 각자가 의미를 부여하는 것이다. 그 의미에 따라 이 물리적인 현실에 어떤 영향을 미치는지 결정된다. 이러한 사고방식에 대해 우리들이 종종 사용하는 예를 들어 설명하도록 하겠다. 다만 이번에는 좀 더 깊은 차원의 이야기를 해보겠다. 어떤 상황에 놓여 있더라도 그 상황을 스스로 해제시키는 방법을 설명한다. 여러분의 집합의식이 부여하는 상징적인 의미를 이해하고, 그것을 자신이 원하는 방향으로 변화시키는 방법이다.

중국 국경 지방에 한 노인이 살고 있었다. 그러던 어느 날 노인이 기르던 말이 국경을 넘어 오랑캐 땅으로 도망쳤다. 이에 이웃 주민들이 위로의 말을 전하자 노인은 "이 일이 복이 될지 누가 압니까?" 하며 태연자약泰然自若했다. 그로부터 몇 달이 지난 어느 날, 도망쳤던 말이 암말 한 필과 함께 돌아왔다. 주민들은 "노인께서 말씀하신 그대로입니다." 하며 축하했다. 그러나 노인은 "이게 화가 될지 누가 압니까?" 하며 기쁜 내색을 하지 않았다.

그로부터 얼마 후 노인의 아들이 그 말을 타다가 낙마하여 그만 다리가 부러지고 말았다. 이에 마을 사람들이 다시 위로를 하자 노인은 역시 "이게 복이 될지도 모르는 일이오." 하며 표정을 바꾸지 않았다.

그런데 얼마 지나지 않아 북방 오랑캐가 침략해 왔다. 나라에서는 징집령을 내려 젊은이들이 모두 전장에 나가야 했다. 그러나 노인의 아들은 다리가 부러진 까닭에 전장에 나가지 않아도 되었다.

이로부터 새옹지마란 고사성어가 생겨났다. '인간만사 새옹지마人間萬事 塞翁之馬'란 말도 자주 쓰인다. '인간 세상에서 일어나는 모든 일이 새옹지마니 눈앞에 벌어지는 결과만을 가지고 너무 연연해하지 마라.' 하는 뜻이다.

모든 것은 당신이 얼마만큼 부정적인 의미를 부여하느냐, 혹은 얼마만큼 긍정적인 의미를 부여하느냐에 달려 있다.

　인생이라는 것은 여러분이 스스로에게 허락하기만 한다면 모든 상황이 긍정적인 의미가 된다. 믿기 힘든 소설 같은 이야기라고 생각할 수도 있을 것이다. 하지만 모든 일은 신비로울 정도로 아름답게 연결되어 있다. 따라서 여러분이 긍정적인 일이 일어나는 것을 허용하면 그것이 일어난다. 삶에서 벌어지는 모든 상황에 대해 긍정적인 의미를 부여할 때, 비로소 기적 같은 일이 일어나기 시작한다.

3 화기(和氣)는 행운을 부른다

어떤 이미지가 가장 호감을 주는가에 대한 기준은 시대에 따라 항상 바뀔 수 있지만 '신뢰할 수 있다, 개인적으로 호감이 간다.' 하는 두 가지 요소는 시공을 초월하여 적용할 수 있을 것이다.

이미지는 사소한 것에서 만들어질 수도 있으므로 사소한 습관과 행동, 예를 들어 의자를 내준다든지, 자리를 양보한다든지, 웃으면서 상냥하게 말대꾸하는 것, 미안합니다, 또는 감사합니다 하고 말을 하는 것, 다른 사람이 먼저 들어가게 문 옆에 비켜 서주는 것, 사람을 소개할 때 그 사람에 대해 좋은 얘기를 해주는 것, 함께 있어 즐거웠다는 얘기와 차를 탈 때 문을 열어 주는 친절, 시간 약속을 잘 지키는 일, 반갑게 인사하는 일, 도움을 받았을 때 즉시 감사의 표시를 하는 일 등, 인품과 자질을 최대한 활용하여 사람을 대하고 대화를 나누는 법을 익힘은 무엇보다도 중요하다.

일반적으로 사람들이 누군가에 대한 인상을 갖게 되는 요소로는 '좋다, 싫다'와 같은 '감정적 평가 차원'과 '잘한다, 못 한다'와 같은 '능력 평가 차원', 그리고 '적극적, 소극적'과 같은 사회적인 특성과 관련되는 '활동 평가 차원'의 세 가지가 있다.

사회생활을 하다 보면 딱히 미움을 살 구석도 없는데 따돌림을 받는 이유가 있는데 '좋다, 싫다'로 구분되는 감정적 차원의 평가에서 점수를 잃어 가고 있는 경우가 많다. 그런 사람에 대한 여러 가지 평가를 알아보면 '능력이 있다.', '똑똑하다.', '과감하다.' 그러나 '차갑다.' 등의 반응이 있었다. 부정적인 평가는 한 가지뿐인데 왜 동료들은 억울하게도 그의 인상을 나쁘게 평가하는 것일까?

사람들은 감각 기관에 들어오는 정보를 단순히 기계적으로 더하거나 평균하는 것으로 인상을 형성하지는 않는다는 데 있다. 다만 차갑다는 이미지가 문제가 되어, 다른 좋은 이미지들도 '똑똑하지만 차갑다.', '차가우니까 그렇게 과감한 거지.' 하는 식의 나쁜 인상으로 작용하고 만 것이다. 이 사람은 좋은 인상을 남기려면 지적이고 냉정하다는 이미지보다 따뜻하고 다정하다는 이미지가 더 필요하다.

중국 고전에 '화기는 행운을 부른다. 和氣致祥'는 말이 있는데, 화기는 따스하고 부드러운 분위기를 말한다. 밝은 마음을 가지고 긍정적, 적극적으로 행동하면 '행운'의 이미지를 만들 수 있다.

인상은 전체의 흐름 속에서 하나의 중요한 포인트에 의해 결정되는 것이다. 그러므로 상대방에게 특이한 인상을 심어 주기 위해 흐름을 무시한 채 튀기보다는 자연스러운 상황 속에서 나름대로의 포인트를 강조하는 것이 중요하다.

4 감정을 조절하자

　불쾌함을 많이 느끼는 사람일수록 주변에 '이유 없이 싫은 사람'이 많이 있다.
　'왜 이렇게 내 주변에는 이상한 사람만 있는 것일까?'라고 생각하고 인간관계의 불운을 한탄할지 모르겠지만, 이런 사람은 오히려 '이유 없이 싫은 사람'을 늘려가고 있을 뿐이다.
　그들은 조금이라도 싫은 느낌이 들면 '이 사람은 이유 없이 싫다.'고 단정 짓는다. 그리고 자신의 악감정에는 눈을 돌리지 않는다. 따라서 주변에는 온통 '이유 없이 싫은 사람'만 늘어나게 되는 것이다.
　'인생을 바꾸는 감정정리의 기술' 중에서 꽃에는 나비가 날아드는 것이고 쓰레기엔 파리가 날아든다고 한다. 나의 감정이 꽃이 된다면 함께 춤을 출 나비가 날아들고 나의 감정이 쓰레기 냄새를 풍기면 파리가 날아드는 것이다.
　인간은 감정의 동물인가, 이성의 동물인가?
　데일 카네기는 '인간은 편견을 가진 감정의 동물'이라고 말했다. 즉 이성이 지배하는 상태에서는 '이성의 동물'로서 기능하게 되지만,

이성보다 감정의 힘이 강하여 감정이 이성을 지배할 때는 인간이 감정의 동물로서 기능하는 것이다.

이러한 일은 주전자에 물을 끓이는 현상에 비유할 수 있다. 주전자의 뚜껑에는 구멍이 나 있다. 그 이유는 물이 데워질 때 생기는 수증기가 그곳으로 방출될 수 있기 때문이다. 만약 그 구멍이 없다면 어떻게 될까?

요란한 소리를 내거나 주전자가 폭발할 것이다. 그것은 수증기가 그것 자체로는 별 다른 힘이 없지만 누적될 때 큰 에너지를 갖기 때문이다.

인간의 감정도 마찬가지이다. 화를 한 번 참고 두 번 참는 것은 어느 정도 가능하지만 계속해서 참게 되면 나중에 쌓여서 '폭발'하게 되는 것이다. 이 경우에는 그 동안 감정을 통제하던 이성이 힘을 잃게 되고 감정이 주도권을 행사하게 된다. 그렇게 되면 감정에 따라 행동하는 '감정적'인 인간이 되는 것이다. 예로써 너무 화가 나면 '홧김'에 살인을 하고 '홧김'에 이혼을 하고 '홧김'에 불을 지르는 일이 생기는 것이다.

잠언은 말한다.

"노하기를 더디 하는 자는 용사보다 낫고 자기의 마음을 다스리는 자는 성을 빼앗는 자보다 나으니라."

감정조절을 위하여 잘못된 생각을 버려야 한다. 그렇다면 자신이 잘못된 생각을 하고 있는지를 어떻게 깨닫는가? 대체적으로 다음에 열거한 내용들은 '잘못된 생각'들이다.

절대적 요구 : 나는 언제나 완벽하게 일을 마무리해야만 한다.

두려움 : 처음 해보는 일이라 두려움이 앞선다.

자기비하 : 나는 잘하는 게 하나도 없는 참 형편없는 놈이다. 한심하다.

모 아니면 도다 : 나는 이 일을 아주 잘하거나 아니면 망친다. 중간은 있을 수 없다.

성급한 결론 : 이 일은 해보나 마나다. 오늘도 형편없겠네.

이상과 같은 생각들은 결코 인생 경기에서 도움이 되지 않는다. 인생 경기에서 자신의 '잘못된 생각'을 천천히 그리고 꼼꼼하게 분석하여 보자. 분석 후 다음과 같은 질문을 자신에게 질문해보자.

- 이미 저질러진 일에 대하여 자신을 흥분시키는 잘못된 생각을 이루는 배경은 무엇인가?
- 이 생각을 지속하여 자신이나 자신의 인생에 좋은 느낌을 갖게 할 것인가?
- 단지 작은 실수에 지나지 않는데도 실제로 나에게 치명적인 일이 발생했다고 생각하는가?
- 이러한 생각으로 인한 흥분이 이제부터 계속될 골프경기에 도움이 될 것인가?

위의 질문에 차분히 답을 해보면 잘못된 생각을 긍정적인 생각으로 바꾸는 것이 여러분들의 인생 경기에 도움이 됨을 확실히 깨달을 수 있을 것이다. 이제 더 이상 좌절하거나, 자신을 비하하여 바보스럽게 생각하는 대신에 냉정히 인내심을 가지고 긍정적인 기분으로 경기에 임할 수 있는 방법을 터득하는 것이 중요하다.

쉬어가기
감정조절을 위한 5단계 전략

대인관계에서 가장 좋은 처세술은 포기이다. 부부 간에도 신혼 초에는 서로 자주 싸운다. 사랑하는 것만큼 기대감도 크기 때문이다. 때론 기선을 제압하기 위해서도……. 그러나 오십 줄을 들어서면 다툴 일이 거의 없다. 기대치를 낮췄기 때문이다. 다시 말하면 포기했기 때문이다. 여기서 포기는 무관심하고 전혀 다르다. 이해 속의 포기를 말하는 것이다.

포기하는 것, 쉽지 않지만 가장 이상적인 관계가 될 수 있다.

'난 당신에게 당신 이상의 것을 결코 기대하지 않습니다. 다만 당신만큼만 사랑하고 이해하고 호흡을 맞춰나갈 것입니다. 참 오랫동안 가슴이 아프고 힘들었지만 이해합니다. 이제 사랑할 수 있습니다. 존경심으로…….'

1. 부정적 감정의 이해

자신의 마음에 만들어진 부정적 감정에 대하여 충분히 이해한다. 그러한 감정이 왜 만들어졌는지 그 원인을 생각하고 어떻게 자신이 좌우할 수 있는 것인지를 생각한다.

2. 분석, 평가, 판단한다

부정적 정서를 일으키는 생각에 대하여 분석, 평가한다. 한 번의 작은 실수에 대해서 왜 그렇게도 무서운지, 더 중요한 것은 이제부터 수행할 인생 경기를 위하여 자신의 마음을 어떻게 다스릴 것인가이다.

3. 감정을 가라앉힌다

신체적 흥분을 가라앉힌다. 심호흡 스트레칭을 통하여 긴장된 근육과 마음을 안정시켜 이완을 한다.

4. 긍정적 정서를 느낀다

부정적인 감정을 긍정적인 감정으로 바꾼다. '오늘 같은 날은 참여한 것만으로도 즐거운 일이다.'

5. 재집중한다

지난 일은 모두 잊어버린다. 과거 비슷한 상황에서 가장 잘하였던 장면을 떠올려 심상한다. 현재의 과제에 자신을 총체적으로 재집중한다.

부정적인 감정에 지나치게 매달리지는 말자. 부정적인 감정을 일종의 필터로 사용해서 다른 모든 일을 그것에 결부시키지 말자.

같은 말이라도 당사자의 마음에 따라 느끼는 감정이 다르다.

상대방이 "당신은 정말 멋있는 사람이오. 나는 당신을 좋아하오."라고 말했을 때 어떤 사람은 화를 내면서 의심하며 분노의 감정을 느낀다.

"나에게 아첨을 떨고 있구먼. 나에게서 무언가를 얻으려는 것이 분명해."

어떤 사람은 슬픔이나 죄의식을 느낀다.

"곧이곧대로 믿지 마. 그는 지금 나를 위로하려는 것뿐이야. 진심으로 하는 말이 아니라고."

하지만 기분 좋게 받아들이면, '야. 그는 나를 좋아하는구나. 정말 기분 좋은 일이야.'라고 생각하게 될 것이다.

어느 경우가 되었든지 칭찬이라고 하는 외적인 사건은 같은 것인데 다만 반응이 다를 뿐이다. 느낌을 바꿀 수만 있다면 언제든지 양방향으로 된 감정의 도로를 갈 수가 있다.

두려움, 분노, 죄의식, 행복, 만족감 그리고 사랑, 상실감이나 패배감, 좌절감, 활력 부족 무력감 등, 우리는 부정적인 감정들을 완전히 제거할 수가 없다. 그렇다고 긍정적인 감정만을 느낄 수도 없다. 때로는 부정적인 감정들이 아주 적절할 수가 있다.

행동이 변하면 생각이 변하고 그러면 전혀 다른 결과가 나온다.

우리의 몸이 변하면 마음이 변하고 그러면 우리의 영혼이 변하게 된다.

분노와 적개심은 말 그대로 우리를 죽이는 것이다. 분노란 어떤 사람이나 대상에게 향하는 치열하면서도 일시적인 감정이다. 분노가 계속되고 강해지면 적개심으로 변하게 된다. 그러고는 결국 상대방에 대한 저항이나 반대, 반목으로 나타나게 된다.

우리 몸에서 일어나는 일들에 초점을 맞추기보다 자신을 확장시켜서 다른 사람들을 도와 줘야 하지 않을까?

활활 타오르는 적개심을 붙들고 있기보다 용서해야 하지 않을까?

⑤ 이미지 메이크업

　대체적으로 여성들이 마음에 들어 하는 남성들의 스타일을 보면 '분위기를 자연스럽게 리드하는 사람, 유머 감각이 있는 사람, 매너가 좋은 사람, 이미지가 순수한 사람, 술 마시는 양을 적당하게 조절할 수 있는 사람, 적당하게 금전적인 여유가 있는 사람'이라고 한다.

　이미지를 강화하는 방법이란 불리한 이미지를 유리한 이미지로 변환하는 작업이다. 따라서 약한 이미지를 강화하고 구축(이미지 확대 및 강화)하거나, 새로운 매력을 부각시키는 방법(이미지의 신선화)을 택하거나, 흔들리는 이미지를 고착화하는 방법(이미지의 안정화) 등이 있다.
　그리고 긍정적이거나 부정적 강화 진술 방법이 있는데 이는 자신을 평가하고 재평가하되 다른 사람의 기준에 따라서 생각하려고 해서는 안 된다. 스스로의 기준에 따라서 어떤 사람이 될 것인가를 결정해야만 하는 것이다.
　자기 이미지란 우리가 스스로에 대해 가지고 있는 현실적이고 거의 눈에 보이는 듯한 그림이다. 자기 이미지는 자기 발견의 환경을 여러 가지 규정하고 그 환경을 다루는 방법에 영향을 미친다. 외부 환경이 지시할 때 자기 이미지는 그것을 긍정적으로나 부정적으로 이용하도록 영향을 미친다.

자기 이미지는 두 가지 추상적 개념으로 이루어진다. 하나는 우리가 스스로에게 기대하는 것이며 이것은 다른 하나 즉 남들이 우리에게 기대하는 것들과 건설적으로든 파괴적으로든 균형을 형성한다.

긍정적 강화 진술이란 우리가 잘한 것, 우리가 현실적으로 되고 싶은 것에 찬성하여 행해진 진술을 말한다. 우리가 스스로 소망하는 생산적인 사람이 되는 것을 타인들이 용인하고 격려해 줄 때 타인들은 우리의 긍정 강화 진술을 더해 준다. 우리 스스로도 자기의 행동과 포부를 존경함으로써 그것을 확대시킬 수 있다.

또 부정적 강화 진술이란 우리들이 자기 이미지 고유의 현실주의적 소망을 부정하는 뜻으로 자신이나 타인에게 행한 진술이다. 즉 이미 이룩한 것, 지금 이룩하는 도중에 있는 것, 이룩하기를 바라는 것 등에서의 기쁨을 감소시키고 실패 양식이 뿌리를 내리고 뻗어 갈 정도로 부정적인 실패의 소망을 강화시키는 것이다.

● **말을 통한 긍정화**

"아직 그 일을 못 끝냈어. 난 언제나 남보다 뒤진단 말이야."라는 식의 부정적인 말을 하지 말고 "야, 오늘 24시간도 더 걸릴 일을 해치웠는데……."라는 식의 긍정적인 말을 하자.

다음에 열거하는 '말'을 인쇄된 문자라고 생각하지 말고, '살아 있는 말'이라고 생각하고 상대에게 속삭여보자.

"내가 뭘 어쨌다고?"(이 세상에서 가장 무책임한 말)
"난 너만 보면 할 말이 통 없어져!"(가장 충격적인 말)
"왜요?"(윗사람에게 할 수 있는 가장 반항적인 말)

대신 다음과 같은 말은 어떨까?

"난 너의 어떤 모습도 사랑해."
"이렇게 네가 보고 싶을 줄은 몰랐어."
"내가 집 앞까지 데려다 준 여자는 네가 첨이다."
"항상 널 지켜 주고 싶어."
"당신을 믿습니다."

● **생각을 통한 긍정화**

'근무 체계를 뜯어고치면 좋겠어. 그러면 사무실에 있는 사람들이 시간을 절약할 수 있을 텐데…….'라는 식의 긍정적인 생각이어야 하는데 "그래 봐야 저 친구들이 모두 다시 뒤죽박죽으로 만들어 놓을 텐데……."라는 식의 부정적인 생각은 자신의 이미지를 부정적으로 강화시키게 된다.

● 기분을 조작함으로써 긍정화

실망과 좌절을 초래하는 나쁜 측면에 대한 생각의 되풀이되는 부정적인 기분을 버리고, 현재나 과거의 일에서 즐거움과 만족을 가져오는 좋은 측면을 보아야 한다.

● 신체적 용모를 통해서 긍정화

이 스웨터에 묻은 얼룩은 그렇게 눈에 띄지 않으니까 하면서 무관심을 가장하는 부정적인 자세를 버리고, 스스로에게 안락하고 자랑스러운 감정을 일으켜 주는 종류의 옷차림을 하자.

● 보디랭귀지의 의식을 통해서 긍정화

푹 숙인 고개, 종종 걸음, 어색한 자세, 안절부절못하는 손놀림이나 신경질적인 억양 등은 불안하고 부정적인 메시지를 주는 반면 치켜든 고개, 당당한 자세, 편안하게 앉은 자세, 침착한 손가짐 등은 모두 안정과 성공을 나타내며 자아에 자신감을 주는 보디랭귀지이다.

● 침묵을 통해서 긍정화

아무도 내 말을 들으려 하지 않는다거나 내가 그 말을 하면 어리석게 들릴 것이라는 선입견으로 불확실이나 자기 격하에서 연유된 침묵은 부정적인 침묵의 느낌을 주며, 긍정적인 침묵의 느낌은 분명하게 말을 하는 것이 아니라 타인을 당황하게 할 우려가 있을 경우에는 침묵이 요청되며, 이때의 침묵은 무언의 이해나 평화나 평정을 나타낸다.

● **표정을 통해서 긍정화**

링컨 대통령은 "사람이 나이 마흔이 되면 자기 얼굴에 책임을 져야 한다."고 말했다. 나이 40이 넘으면 그 사람의 표정엔 그 사람의 인생의 그림자가 그대로 드리워지기 때문이다.

사람의 얼굴 표정과 웃음소리를 들으면 대충 어떻게 살아 왔고 무슨 일에 종사하는가를 알 수 있다고 한다. 아무리 우아하게 옷을 입고 화장을 한 여인이라 할지라도 험난하게 살아온 인생이라면 그 드리워진 가련하고 어두운 그림자는 어쩔 수 없이 표정에 각인되고 말기 때문이다.

결국 표정은 그 사람의 인생을 결정하고, 그 사람의 인생의 역정은 그 사람의 표정을 만든다. 모두가 부러워할 성공한 사람들에게서는 그렇게 될 수밖에 없는 성공을 부르는 표정을 가지고 있다는 것이다.

치열한 경쟁 사회에서 살아남기 위해서는 자신의 능력도 중요하지만 그전에 상대방에게 자신을 드러내어 '행운의 미소'로 자신감과 여유로운 인상을 심어 주어야 한다.

얼굴 표정을 개선하려면 먼저 마음의 표정부터 고쳐야 한다. 밝은 마음과 긍정적인 사고를 가지면 얼굴 표정도 펴지게 마련이다. 아무리 미소를 지으려 해도 마음이 꽁꽁 얼어붙어 있다면 무슨 소용이 있겠는가. 화장으로 얼굴의 결점을 감출 수 있을지는 몰라도 부정적인 마음의 표정까지 숨길 수는 없다.

마음을 펴면 얼굴 표정도 저절로 펴지게 마련이다. 매사에 긍정적인 사고와 적극적인 삶의 태도를 가지면 마음이 안정되고 얼굴에는 여유의 빛이 돈다.

평소에 원만한 인간관계를 통해서 일상생활에서도 지나친 욕심을 버리고 순리대로 살아가는 모습 속에서 평안하고 인자한 호감이 가는 자기 표정을 관리해 나갈 수 있는 것이다.

생긴 대로 개성을 살려 관리하면 멋과 호감을 갖게 하는 외모를 갖출 수 있는 것이다.

행여 당신의 외모에 대한 '콤플렉스'는 없는가?

오히려 당신의 생활 속에서 주위로부터 인정받고 사랑받는 처신을 하는 것이 당신의 외모를 예쁘게 가꾸는 일보다 더욱 값진 일일 것이다.

얼굴은 운명의 거울이다. 얼굴은 버릇으로 인해서 변하고, 운명은 얼굴로 인해서 이루어진다. 대개 버릇이 오래 되면 성질도 그쪽으로 나날이 옮겨지는데, 그 마음속에 있는 것이 성실하면 겉으로도 나타나게 된다.

세상에서 비스듬히 드러눕거나 삐딱하게 서고, 아무렇게나 지껄이거나 눈알을 이리저리 굴리면서 경건한 마음을 가질 수 있는 사람은 없다. 때문에 몸을 움직이는 것, 말을 하는 것, 얼굴빛을 밝게 하는 것, 이 세 가지가 처세하는 데 가장 마음을 기울여야 할 대목이다.

사람들과의 관계에서 내내 긍정적인 인상을 주고 그것을 유지하고자 할 때 최초의 5분 동안에 자기의 처신을 매우 치밀하게 조절하고 통제한다면 당신이 원하는 효과를 반드시 얻을 것이다.

● **신체적 기氣를 통해서 긍정화**

기氣는 크게 신체적 원기와 이지적 원기 그리고 감정적 원기로 나눌 수 있는데 사람들은 신체적 원기를 가짐으로써 업무에 100퍼센트 전력하고, 참아 내고, 성실성을 내보이고 열의를 내보인다.

또 이지적 원기를 가짐으로 환경의 모든 미묘한 점을 이해하고 효과적으로 대응할 수 있다.

그리고 감정적 원기는 타인을 이해하고 상관하는 데뿐만 아니라 그들 자신을 이해하는 데에도 이용된다. 이것 때문에 그들은 타인에 대한 자신의 영향력을 조절하고 통제한다. 다양한 상황에서 개인들과 어떻게 교류할 것인지, 어떻게 상관할 것인지를 구별할 수 있다. 그리고 그들이 어디에서 무슨 일을 하건 긍정적인 인상을 심어 준다.

사람에게 긍정적인 이미지를 심어 주기 위한 자질로써는 민감성, 존중심, 붙임성, 스타일 등이 고려되어야 한다.

그러나 초조한 듯이 황급히 행동한다거나 당신이란 사람이 존재하는 줄도 모르게 소극적으로 처신한다거나, 한눈을 잘 팔고, 거만하고, 전혀 준비가 되어 있지 않고, 쓸데없이 치근덕거리거나 논쟁을 일삼고, 남에게 좋은 인상을 주거나 아첨을 하려고 자기 자신에 대해서 말을 많이 하거나, 혹은 너무 무관심하거나 무덤덤하므로 당신도 모르는 사이에 나쁜 인상을 심어 주는 결과를 초래하게 될 것이다. 그리고 그 인상을 불식시키거나 지우는 데 엄청난 힘과 시간이 소요될 것이다. 어쩌면 영영 그 인상을 지우지 못할지도 모른다.

좋은 인상을 주는 것은 나쁜 인상을 불식시키는 것보다 훨씬 쉽다. 당신이 만나는 어떤 사람이 몹시 바쁘다거나 혹은 너무 일에 열중한 나머지 당신에게 관심을 기울이지 않는다 하더라도 그에게 좋은 인상을 주려는 당신의 노력은 반드시 좋은 대가를 보상받게 될 것이다.

어느 정도 틈을 보이는 소탈감이 훨씬 더 인간미가 느껴져 호감을 줄 수 있다. 적당히 상대에게 맞춰 간다면 실패도 없겠지만 단지 그것만으로 사람에게 호감을 얻고 사랑받는 인간이 되기는 어렵다. 소신과 세상을 보는 안목을 가지고 자기만의 향기와 색깔을 지녀야 한다.

6 긍정적으로 마음을 다스리는 일

 모든 병은 마음에서 오고 인간사의 모든 일도 마음에서부터 시작된다.
 사람의 행복과 불행도 모두 마음이 만든다.
 세상의 많은 일은 마음가짐에 따라 달리 보인다. 슬프게 보면 모두 슬픔거리요, 웃으며 바라보면 모두 웃음거리다. 괴롭고, 즐겁고, 밉고, 고운 것이 다 제 마음에서 비롯한다는 말이다.
 기분이 좋지 않을 때면 아무리 아름다운 풍경을 보아도 시큰둥하다. 그러나 일과 주변을 뒤로 하고 멀리 떠나 단풍 든 그 풍경을 본다면 별천지에 온 것처럼 마냥 마음이 들뜰 것이다.
 그러나 마음을 다스린다는 것이 그렇게 쉬운 일만은 아닌 것 같다. 그렇다고 마음을 다스리는 일처럼 어려운 일도 아닌 것 같다.
 그 마음을 다스리는 것도 마음에 달려 있으니까 마음만 바꾸면 되는 것이다. 그러나 사람들을 그 마음의 조정을 제대로 하지 못하고 있다.
 우리의 마음은 세파 속에 내던져 놓고 방치해 버리는 수가 많다.

이제부터 당신은 가장 소중한 당신의 마음을 다스리기 위해 시간과 경제적 투자를 아끼지 말아야 한다.

첫째, 자연과 친화력을 가져야 한다

아무리 바빠도 자연의 변화를 느끼며 살자.

봄, 여름, 가을, 겨울…….

이 얼마나 아름다운 자연인가? 나를 에워싸고 있는 자연을 사랑하고 의미하면서 살자. 그래야 평안과 건강이 함께 할 수 있다. 그래야 당신이 지금 하고 일이나 뜻했던 것도 잘 풀려 나갈 것이다.

산으로 바다로 아름다운 곳을 찾아 여행을 떠나기도 하고, 등산을 가기도 하며, 낚시를 즐기기도 하고, 가벼운 마음과 복장으로 피크닉이라도 떠나자.

자연과 가까이 하며 사는 모습은 한 편의 영화 장면과 같다. 이왕이면 한 번밖에 없는 우리의 인생, 자연을 사랑하고 탐미하면서 멋지게 살자.

둘째, 음악은 사람의 마음을 어루만져 준다

메말라버린 정신적 황폐화 현상을 치유하기 위해서는 음악을 자주 들어야 한다.

그러나 바쁘게 돌아가는 현대인들에겐 독서와 음악이 사치품으로 방치되어, 담을 쌓고 사는 게 현실이기도 하다. 아예 엄두를 내지 않는다.

요즘 들어 태교음악, 병을 치유하는 음악, 마음을 다스리는 음악 등에 대한 관심이 높아가고 있다.

밤마다 잠 못 드는 사람들은 조용하고 은은한 클래식 음악을 틀어 놓고 잠을 청해 보자.

인생이 너무 힘들다고 생각하는 사람들이 있으면 발랄하고 힘찬 행진곡이나 격조 높은 클래식을 들어보자. 여러 가지 번뇌로 마음이 흔들리고 있는 사람들은 잔잔한 호수와 같은 명곡을 감상해보자. 정신 집중이 잘 안 되는 수험생들에게도 정신을 맑게 하는 음악을 들어보자.

셋째, 사랑하며 살자

이 세상엔 질투, 미움, 증오, 시기 등이 판을 치고 있다.

만남은 그 자체가 인연이다. 주위 사람들에게 감사하고 사랑하는 마음을 가져 보자. 당신은 진정한 삶의 의미를 새롭게 찾을 수 있을 것이다.

같은 세상이지만 사랑이 있는 세상과 사랑을 잃어버린 세상은 천당과 지옥으로 나뉜다.

지금 스스로 당신 자신부터 믿고 사랑하자. 그리고 옆에 함께 하고 있는 모든 사람들에게 사랑의 감정을 전하자. 그러면 상대는 자성력磁性力이 작용하여 당신의 사랑과 감사의 품속에서 포근해질 수 있을 것이다.

당신을 에워싸고 있는 모든 것들을 소중하게 생각하고 감사하는 마음으로 바라보면 그곳에 사랑이 움튼다. 사랑은 모든 불순물을 녹여 주고 사회를 정화시켜 준다.

당신과 수없이 만나고 헤어지는 이들에게 감사하고 소중하게 생각하면 하루하루를 살도록 하자.

그러자면 움츠려져 있는 당신의 활짝 마음을 열어야 한다. 마음에 잔 찌꺼기를 남기지 말고 마음껏 발산해 보자.

마음껏 지껄이고, 마음껏 웃어 보고, 마음껏 사랑하는 아름다운 모습으로 살아가자. 그래도 인생은 한없이 짧기만 하다.

7 시련과 역경은 좋은 기회를 제공한다

어느 날 한 소년이 나비고치를 발견했다. 그 나비 한 마리가 감겨진 고치의 실에서 나오려고 무척이나 발버둥 치고 있어 소년은 가엾은 나비를 고치의 실에서 풀어주기 위해 실을 벗겨 주었는데 아무런 어려움도 겪지 않고 풀려 난 나비는 세상 밖에 나와서 몇 번인가 날기 위해서 퍼덕이다 끝내는 죽어 버렸다고 한다.

나비가 고치 속의 실에서 투쟁하는 동안에 그 나비는 날개의 힘이 강해지고 훈련될 뿐만 아니라 나비를 묶고 있는 고치의 실을 뚫고 나올 수 있는 힘을 가질 때 비로소 살아 갈 수 있는 힘이 생긴다.

당신은 큰 굴곡을 안고 참아 내야 한다. 폭풍우를 많이 겪는 참나무의 뿌리는 한층 더 강하고 길게 뻗는다.

서리가 오면 약한 풀은 죽지만 국화는 더욱 향기를 낸다.

약한 사람은 문제가 생기면 좌절하고 포기하지만 강한 사람은 문제가 생기면 극복하고 이겨낸다. 흔들리는 나무에는 벌레가 생기지 못할 뿐만 아니라 더욱 더 강하게 뿌리를 뻗는다.

행복, 평화 그리고 안정은 인간이 추구하는 이상으로써 사람들은 모두 순탄한 길을 걷고자 한다. 그러나 인생행로에서 그리 순탄하거나 뜻대로 이루어지는 일이 거의 없다.

사물이 궁극에 달하면 변화가 일어나고 변화가 일어나면 길이 열린다는 사실을 알아야 한다. 만약 사태가 극복할 수 없을 정도로 어려워진다면, 새로운 변화의 시도가 필요하고 그 변화 뒤에는 새로운 국면이 열린다. 위기는 곧 기회이며, 최악의 상황은 새로운 길을 열게 한다.

휴먼 스토리는 하나같이 역경을 헤치고 나온 사람들의 이야기다. 땀과 눈물이 배어 있을 때 감동적이고 감격적이기 때문이다. 인간의 성취감은 역경에서 이룬 것일수록 더 크다.

궁즉통 窮卽通

궁즉통, 즉 '궁하면 통한다.'는 말이 있지만 그것도 무조건 필요를 느낀다고 무엇이 그냥 얻어진다는 것은 아니다. 궁하게 되면 생각하게 되고 문제를 풀어 나가려는 새로운 아이디어가 떠오르게 된다는 것이 궁하면 통한다는 궁즉통의 원리이다.

꿈의 낙원을 건설해 낸 월트 디즈니도 젊은 시절 한 조각의 빵을 얻기 위해 고통을 겪어야 했다. 좁디좁은 구석방에서 디즈니 부부는 배고픔에 시달리며 새로운 창작을 위해 고민했다.

방세가 6개월씩이나 밀려 주인으로부터는 나가 달라는 성화가 빗발쳤으나 가난한 디즈니 부부에게는 어떤 가능성도 보이지 않는 시련만이 계속되고 있었다.

'자, 이젠 어떻게 하지?'

싸늘한 침대 위에서 디즈니는 고민하고 있었다. 바로 그때에 한 마리의 생쥐가 허물어진 벽 틈으로 고개를 빼쭉 들이밀었다. 극도의 좌절감과 배고픔의 위기 속에서 기진맥진해 있던 디즈니, 그는 생쥐의 천진스런 모습을 보는 순간 놀라운 착상을 하게 되었다.

'그래, 세상에는 우리처럼 고통을 받는 사람이 많다. 그들에게 저 천진스런 생쥐의 재롱을 보여주자.'

궁지에 빠져 있던 디즈니의 이 기발한 착상은 놀라운 반응을 불러 일으켰다. 엄청난 성공을 가져다주어 디즈니랜드라는 꿈의 동산을 세울 수 있는 찬스를 가져다 준 것이다.

궁지에 몰렸을 때 감수성도 예민해진다. 인간의 감춰진 재능은 어떤 벽에 부딪쳐 고민을 거듭할 때 그 모습을 드러낸다.

굶주린 호랑이는 힘이 넘친다. 먹이를 구하기 위해 온몸을 긴장하고 있어야 하기 때문이다. 사람뿐만 아니라 동물은 안전과 종족 보존, 생존에 대한 욕구의 초능력적인 힘을 발휘한다.

같은 일을 해도 호기심이나 유희 삼아 하는 사람과 생존을 위해 하는 사람의 힘의 차이는 상상을 초월한다. 그래서 헝그리 복서의 헝그리 정신이 무서운 것이다.

궁핍하다고 소주잔을 기울이며 신세나 한탄하는 사람에게는 내일이 보장되지 않지만 이 헝그리 정신으로 내일을 준비하는 사람에게는 반듯이 큰 힘을 발휘할 것이다.

누구나 알 만한 대경영자나 대작가는 엄청난 악처가 있던 덕분이라는 사실은 널리 알려진 사실이다. 즉 사람은 편안하고 여유롭게 안정되어 있는 상태에서는 큰일을 이룰 수 없다.
　평화롭고 풍족한 생활에 빠져 버리면 모든 것에 안일함을 느끼고 만사에 보수적이 될 수 있다.
　무언가 부족함을 느끼고 어떤 작은 행위여도 좋으니까 당장에라도 시작하는 것이다. 그러면 안일함에서 생산적인 활력을 얻을 수 있을 것이다.

8 움직이지 않으면 위축되어 간다

이백이 '인간 행로는 고달프다.'고 하였듯이 사람의 일생이 어찌 평탄할 수만 있겠는가? 험난한 인생행로에서 성장하는 자신이 되고자 하면 환경에서 오는 시험을 감수할 용기가 있어야 한다.

비바람이 몰아쳐도 태풍이 몰려와도 강한 풀은 다시 곧게 선다. 그러나 연약한 풀은 뿌리까지 뽑히고 마는 것처럼 사람도 위험이나 위기에 처했을 때 그 사람의 근성을 알아 볼 수 있다.

탕왕湯王은 대야 밑바닥에 새겨진 '일일신 우일신日日新, 又日新'이라는 명목으로 자신을 고무시켰다고 한다.

늘 자신에게 충실을 기하여 새롭게 발전하고자 하면 자기 개발과 자기 성장을 위해 부단히 노력해야 한다. 나태해지고 해이해져서 어떠한 변화나 성장을 도모하지 않는다면 시대의 조류에 도태됨을 간과해서는 안 된다.

노자는 '최상의 선은 물과 같다. 물은 만물에 혜택을 주면서도 상대를 거스르지 않고, 모든 사람이 싫어하는 낮은 곳으로 흘러간다.'는 말을 했다.

물은 탄력성이 있어서 둥근 것을 만나면 둥글게 되고 각진 모형을 만나면 각진 모형으로 환경이 변하는 것에 따라 변한다. 물은 항상 유동의 상태를 유지하며 끊임없이 앞을 향해서 흘러가며 스스로의 움직임과 동시에 다른 사물의 활동도 도우며 장애에 부딪히면 달리 활로를 찾아 내재된 능력으로부터 온갖 어려움을 제거한다.

물은 세상의 온갖 더러움을 씻어 내어 아름다운 외관을 유지할 수 있게 하면서 구름, 비, 얼음 등으로 어떠한 모습을 나타내든지 본래의 성질을 잃지 않는다.

우리는 물과 같은 성질을 배울 필요가 있다.

현실이 어렵고 힘들다고 외면해서는 안 된다.

인생은 현실이다. 술에 취하고, 체념해 버린다고 해결되는 것은 아니다. 안 보면 편해지겠거니 하는 생각은 문제를 더욱 심각하게 만든다. 어려울수록 냉혹한 현실을 분명히 바라봐야 한다. 그래야 해결책이 나온다.

물은 장애물 앞에서 결코 멈추는 법이 없다. 언젠가는 모든 걸 감싸 안고 어떤 형태로든 흘러간다. 문제는 고인 물이어서는 안 된다. 고인 물은 언젠가는 썩어버린다. 흘러야 한다. 움직여야 한다. 안정이라는 이름 아래 정체(停滯)되거나 안주하여서는 안 된다. 보다 더 역동적인 인생을 위해 우리는 쉬지 말고 움직여야 한다.

자기 한계에 부딪쳐 보는 것이다. 승패의 갈림길은 여기에 있다. 찬스는 언제나 위기 속에 있다. 위기를 기회로 생각하고 용기를 갖고 조절할 수 있는 사람이 진짜 강한 사람이다.

찬 서리가 내려도 국화는 향기를 잃지 않고 진흙탕과 냄새나는 시궁창 속에서도 연꽃은 곱고 아름답게 피어나듯이 역경을 딛고 일어선 모습처럼 아름답고 위대한 게 없다.

우리는 어려울수록 움직여야 한다. 넘어지고 깨어지고라도 움직여야 한다. 뛰어야 한다. 씨름도 이기려면 움직여야 한다. 그래야 틈이 생기고 상대의 허점이 드러나게 된다. 움직이지 않고 가만히 있으면 상대의 힘에 압도되어 이길 기회가 오질 않는다. 움직여야 할 일이 생기고 기회가 온다. 움직이지 않고 안정의 틀 속에서 안주하려 하는 것은 퇴보를 의미한다.

자신을 벗 삼는 기쁨을 가져야 한다

작은 미물인 거미 한 마리가 장차 이스라엘의 위대한 왕이 될 다윗을 구한 유명한 일화가 있다.

다윗이 질투에 사로잡힌 사울 왕을 피해 동굴에 피신해 있을 때였다. 다윗을 찾아 돌아다니는 병사들이 동굴 앞에 이르렀다. 병사들이 동굴 속으로 들어오는 날이면 다윗의 목숨은 끝장나게 되어 있었다. 하지만 동굴 입구에 이르러 거미줄을 발견한 병사들은 말한다.

"저 거미줄 좀 봐. 거미줄이 저렇게 처져 있는 걸 보면 저 동굴에는 사람의 그림자도 없다는 이야기가 아니겠어?"

그런 말을 남기고 병사들이 사라져가자 다윗은 안도의 한숨을 쉰다. 하찮은 거미 한 마리 때문에 목숨을 건진 것이다. 거미 한 마리, 참으로 작은 이 미물이 역사에 길이 남은 위인들의 목숨을 구했다는 사실을 생각해 보자. 어찌 보면 이 세상은 불필요한 것들이 가득해 보이기도 하지만, 조금만 곰곰이 뜯어보면 진실로 불필요한 것은 아무것도 없다는 것을 실감하게 된다.

존재하는 모든 것들은 사물이건 생물이건 반드시 필요에 의해서 이 세상에 존재한다. 필요하지 않는 것은 이 세상에 아무것도 없다. 박테리아균조차도 제 몫의 삶이 있고, 가치가 있다. 무슨 필요가 있을 것인가를 회의하게 만드는 그런 미물조차 반드시 있어야 할 필요가 있어서 존재한다.

그러나 가장 큰 문제는 만물의 영장으로 창조된 인간이 자기의 존재에 대해 회의를 느끼고 무가치하다고 느낄 때가 있다.

'나는 불필요한 존재야. 이 세상에 태어날 이유가 없었어. 부모님이 실수로 날 낳으신 거야. 난 희망이 없어. 공부도 못 하고, 잘하는 것이 하나도 없어. 쓸모없으니까 일도 안 시켜. 살아가야 할 방법도 없고, 존재 이유도 없어. 일찍 죽어버리는 것이 차라리 낫겠어.'

이렇게 내가 쓸모없는 존재라고 극단적으로 비관한 나머지 자살이라도 감행한다면 이 세상에 살아남을 사람이 어디 있을까? 그러나 살아 있다는 것이야말로 쓸모 있는 존재라는 가장 확실한 증거가 아닐까? 존재의 가치는 인간의 기준으로는 판단할 수 없다. 이 세상에 불필요한 것은 하나도 없다.

타인을 사랑하고 싶거나, 사람들에게 사랑받고 싶다면 자신부터 사랑할 수 있도록 노력해야 한다. 사랑은 사랑할 수 있는 가치나 매력을 느꼈을 때 일어난다.

자신을 사랑한다는 것은 자신 속에서 사랑의 단서를 찾아야 한다는 말이다. 그러나 가장 잘 알고 있는 자기 자신을 스스로에게 과장하거나 포장할 수 없기 때문에 자신을 사랑하는 일이 그렇게 만만치는 않다.

일에 대한 자신감이든지, 내적인 성숙된 자아 발견이든지, 스스로의 인격이나 인품에 매력적인 면을 발견할 수 있어야 하며 스스로 인정할 수 있어야 하기 때문이다.

본인 스스로에게 매력을 느낄 수 있도록 자신을 가꾸고 성숙시켜 나가야 한다. 자신에게 매력을 느꼈을 때야말로 생의 가치와 보람을 찾아 갈 수 있게 된다.

집안의 강아지도 주인이 애지중지하면 이웃 사람들이 깔보지 않는다. "저 집 개는 누렁이지만 주인을 잘 따르고 집도 잘 지키거든." 하면서 무시하지 않지만 주인이 발길질하고 구박하면 주위 사람들도 천하의 천덕꾸러기로 여기게 되는 것이다.

자신을 벗 삼는 기쁨을 가져야 한다. 당신이 자신과 있는 것을 즐거워하지 않는다면 어떻게 다른 사람이 당신과 함께 있는 것을 즐거워할 수 있단 말인가?

남들이 자기를 좋아하고 사랑해 주기를 바란다면 자기를 좋아하는 능력을 가꾸는 가는 것이다. 당신의 친구가 되기를 바라는 사람들은 당신이 가지고 있는 그런 능력 때문에 당신을 좋아하게 될 것이다. 그리고 남들에게 좋은 인상을 심어 주기 위해서가 아니라 그런 능력 자체를 위해서, 당신 자신을 위해서 그런 점들을 계발하도록 힘써야 한다.

 사람들은 단지 당신이 가지고 있는 자산을 어떻게 다루는가에 따라서 당신을 싫어할 수도 있고 좋아할 수도 있다. 그것은 어떤 환경에서도 자기 스스로를 좋아할 줄 아는 자질을 가지는 것이다.

 호감을 사기 위해 다른 사람들을 기쁘게 하려고 노력하지 말자. 당신 자신을 당신에게 최고의 존재인 당신 자신을 기쁘게 하기 위해 노력하자. 당신이 믿고 있는 가치를 지지하고 강화하기 위해 행동하는 것이 중요하다. 그러면 친구가 바로 그 점 때문에 당신을 좋아한다.

 인간은 위대한 창조주의 피조물이며 이 세상 하나밖에 존재하지 않는 유아독존적唯我獨尊的인 존재임을 기억해야 한다. 이 세상에서 당신과 얼굴이 닮은 사람은 하나도 없다. 같은 쌍둥이라도 자세히 뜯어보면 어딘가 다른 데가 있다. 뿐만 아니라 삼라만상森羅萬象의 온갖 것들이 자기대로 존재이유를 갖고 있듯이 사람도 타고난 재주와 개성대로 살아가게 마련이다. 창조주가 지어 주신 당신의 모습에 보다 당당해져야 한다.

 스스로의 능력을 인정해야 한다. 그것이 자신감이다. 스스로의 존재 가치를 높여야 한다. 그것이 자긍심이다. 스스로 사랑해야 한다. 그것이 자존심이다.

 사람에게는 자신감과 자긍심과 자존심 모두가 있어야 한다. 자신을 사랑할 줄 모르는 사람은 다른 사람을 사랑할 자격이 없다. 자기 자신부터 사랑하는 방법을 배우자.

⑨ 내적 평화를 찾아야 한다

'참다운 황금시대는 그 황금시대가 오기 직전이다.'라는 말이 있다. 황금시대는 이윽고 쇠퇴하기 시작하는 시기이기 때문이다. 꽃이 활짝 피면 시들고 달도 차면 기울듯이 모이면 마침내 흩어지고 흥이 다하면 반드시 슬픔이 온다.

어린 시절 우리는 소풍 전날에 얼마나 들떠 있었는가? 밤잠을 설치며 소풍을 기다리는 순간이 소풍을 가서 즐기는 것보다 더 기쁜 일이다.

천하의 일이 모두 이와 같다. 그러므로 사람은 무슨 일에서든지 극단까지 가지 말고 조금 아쉽다 싶을 때에 그치는 것이 좋다.

즐거운 마음은 괴로운 마음속에 있다. 괴롭다고 희망을 버려서는 안 된다. 실의의 슬픔은 득의한 가운데 있다. 성공하였다고 노력을 게을리해서는 안 된다. 괴로움이 다하면 즐거움이 오고, 기쁨이 다하면 슬픔이 온다. 무슨 일이든 뜻대로 되지 않는다고 실망할 것도 없고, 뜻대로 잘 풀린다고 기고만장할 것도 없다.

상황에 맞는 임기응변적인 판단력도 중요하다. 어떠한 경우에도 흔들리지 않는 강직한 의지를 갖는 것은 인생을 잘살기 위해 필요한 기질이지만 명석한 두뇌를 가지는 일도 그에 못지않은 중요한 기질이다.

여유를 찾는 일은 무엇보다 중요하다. 여유를 잃으면 모든 일이 꼬인다. 모든 일상생활에서 타인과의 만남을 적게 하고, 취미와 욕망을 절제하고, 마음을 비워 편안하고 유쾌히 하루하루를 보내자. 독서와 화초 기르기, 등산이나 산책 등의 즐거움 같은, 진실로 항상 부드럽고 따뜻한, 성내고 원한 품는 일이 없도록 하는 것이 필요하다.

책을 읽어도 마음을 괴롭힐 정도로는 읽지 말 것이며, 몸이 내키는 데에 따라 그 뜻을 음미하며 즐기고, 이치를 궁리함에는 모름지기 일상생활의 쉽고 명백한 곳에서 간파하고 숙달시켜야 할 것이다.

절대 내적 평화가 있을 수 없는 요인은 위선, 욕심, 가식, 미움, 적개심 등이다. 개인적인 평화란 오묘한 정신적·영적 충만함의 내적인 감각으로써 우리가 불안한 생각에서 자유로울 때 찾아오는 깊은 안정감이다.

개인적인 평화는 주관적이면서도 아주 사실적인 것이다. 그리고 이것은 우리가 걱정, 불안, 고통, 압박감 등을 떨쳐 버리고 인생의 수많은 경이로움을 확실히 인식할 때 느낄 수 있는 안정되고 평화로운 감정이다.

분노와 적개심은 우리를 죽이는 것이다. 분노란 어떤 사람이나 대상에게 향하는 치열하면서도 일시적인 감정이다. 분노가 계속되고 강해지면 적개심으로 변하게 되고 결국 상대방에 대한 저항이나 반대, 반목으로 나타나게 된다.

 우리 몸에서 일어나는 일들에 초점을 맞추기보다 자신을 확장시켜서 다른 사람들을 도와 줘야 하지 않을까?

 활활 타오르는 적개심을 붙들고 있기보다 용서해야 하지 않을까?

⑩ 바로 오늘부터 자신 있게 살도록 하자

미래는 늘 위험스러운 것이다. 미래에 대한 걱정으로 현실을 좀먹는 꼴이 되고 만다. 과거를 현재 속에 끌고 들어오는 것 혹은 불확실한 미래에 근거해서 생활을 하는 것은 결국 걱정과 근심을 야기한다. 그래서 미래는 현재의 가능성을 앗아 갈 수가 있다. 다시 말해서 미래에 너무 집착을 하다 보면 지금 이 순간을 오염시킬 수가 있다는 말이다.

우리는 무엇보다도 현재의 이 순간을 감사하게 생각할 필요가 있다. 그렇게 할 때 상황이 어떠하든 인생이 얼마나 멋진 것인가를 깨닫게 될 것이다.

바로 지금 시작하자. 불쾌한 일들은 미룰 수가 있지만 그렇게 할 때 우리는 즐거운 일들도 미루게 된다. 우리는 마치 즐거움과 만족이 제한되어 있는 것처럼 나누려고 한다.

우리는 무엇보다도 현재의 이 순간을 감사하게 생각할 필요가 있다. 그렇게 할 때 상황이 어떠하든 인생이 얼마나 멋진 것인가를 깨닫게 될 것이다.

우리는 인생을 불행 속에 빠뜨리고 부정적인 생각 속에 집어넣는 그런 활동들과 쓸데없는 생각들을 버려야만 한다. 대신에 인생을 살 찌우는 활동들에 전념하고 적극적인 관심을 가지고 그것들을 즐긴다면 우리는 현재 속에서 살 수가 있다.

자신을 갖고 인생을 살아야 한다. 매일 매일을 자신 있게 살아야 한다.

완벽하게 생산적으로 즐겁게 살아야 한다. 자신을 갖고 건강하게 멀리 있는 꿈을 생각하지 말고 바로 지금 여기에 있는 현실을 즐겨야 한다.

바로 오늘부터 자신 있게 살도록 하자. 당신이 늘 하고 싶었던 일들을 이 순간부터 시작하자. 무언가 즐거운 일을 찾음으로써 매 순간을 즐기도록 하자.

마음을 Open시키자

사람은 즐거운 일에 몰입하다가 불현듯 앞에 놓인 걱정으로 즐거운 마음을 반감시키거나 날려 버린다. 더 이상 현재 속에 있을 수가 없는 것이다. 마음이 현재를 벗어나서 빠르게 움직이고 있다.

열린 마음은 정말로 현재 속에서 인생을 사는 것이다. 판단하지 않고, 마음이 스스로 문을 열도록 허락하는 것이다.

그렇다고 해서 준비해서 목표를 달성하는 것을 하지 말라는 말은 아니다. 다만 이것이 의미하는 것은 실제적인 성취보다는 목표를 추구하는 순간순간의 경험이 더 우선이라는 것이다. 이것을 위해서는 우리의 태도를 엄청나게 바꿔야만 한다.

열린 마음은 목적지가 아닌 여행 과정을 즐기는 것이다. 기쁨은 어떤 일을 마치는 데서가 아니라 그것을 하는 과정에서 찾아야 한다. 지금 여기에 있는 모든 것을 인식하고 그것을 즐겨야 한다.

'상황이 지금과 다르다면' 하는 쓸데없는 생각을 중단하자. 그렇게 해서 시간을 낭비하고 감정적·정신적 에너지를 낭비하면서 왜 우리가 원하는 것을 갖고 있지 못하는지 설명하려고 애쓰지 말자. 대신에 그것을 얻을 수 있는 다른 방법을 찾아보도록 노력하자. 이런 식으로 생각하게 되면 우리는 마음의 평화와 행복을 찾을 수 있다.

열린 마음은 매일 매일 일어나는 수많은 단순한 일들에 정말로 집중하는 것을 의미한다. 이는 열린 마음을 가지고 산책을 하거나 새들의 노래 소리를 듣거나 발밑에 있는 조약돌을 느껴 보거나 소나무 사이로 부는 바람 소리를 들어보는 것이다. 주의의 작건 크건 간에 모든 것이 신선하고 새로운 경험이며 모든 것이 기쁨이다.

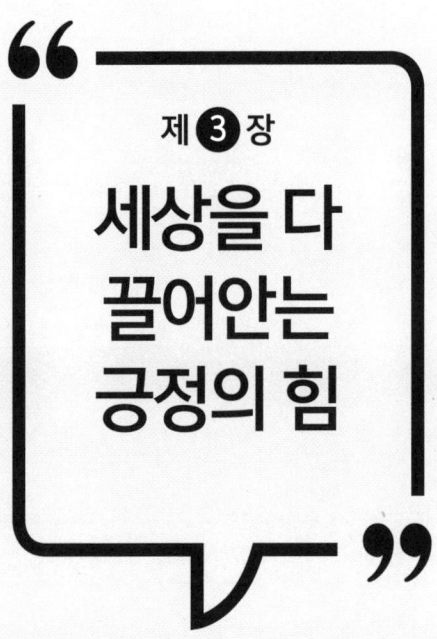

- **1단계 : 인정하기(Admit)**
  어떤 상황이나 사실 혹은 주장을 그대로 인정하기

- **2단계 : 가정법 쓰기(If…….)**
  다음은 안 좋은 상황이나 현실을 탓하거나 부정적으로 평가하거나 비관할 수는 없지 않은가? 그래서 최악의 가정을 해서 현실의 상황을 위로할 수 있게 된다.
  "만약에 지금 발견하지 못했더라면 어떻게 되었을까?"

- **3단계 : 창의적으로 표현하기(Innovation : 곡선적, 양면적, 역설적, 관조적)**
  곡선적 : 직선보다 곡선적 사고가 유연하다.
  양면적 : 새옹지마 – 행복과 불행은 함께 공존하는 것이지 않은가?
  역설적 : 넘어지지 않았다면 죽었을 것이다
  관조적 : 소탐대실-나무만 보지 말고 숲을 보라

- **4단계 : 반전(Reversal_Howbeit-With-Wish : 그럼에도 불구하고, 함께, 바람)**
  부정도 뒤집으면 긍정이 된다.

1 아름답게 말하기

옛날 어느 왕이 신하들이 아내 말을 잘 듣는가를 알아보려고 어느 날 아침 물었다.

"아내 말을 듣는 사람은 오른편에, 안 듣는 사람은 왼편에 서라."

그런데 보니 왼편에 선 신하는 한 명이었다. 모두 오른편에 선 것이다. 왕이 이상하여 물었다.

"다 오른편에 서 있는데 너만은 왜 왼편에 섰느냐? 너는 아내 말을 안 듣느냐?"

신하가 대답했다.

"독감이 유행한다고 오늘 아침에 아내가 사람들이 많은 곳에 가지 말라고 하였습니다."

마음에 있는 생각을 어떻게 말하느냐가 중요하다. 말은 내용보다 말하는 사람의 태도에 따라 더 많은 것이 전달되는 속성을 갖고 있기 때문이다.

- ⊙ 솔직하게 말하기 – 적당히 덮어 두거나 거짓말을 하면 할수록 힘들어진다.
- ⊙ 바로 말하기 – 사과할 일이나 미안한 마음이 들면 즉시 표현해야 한다.
- ⊙ 한 번 더 생각하고 말하기 – 남을 기쁘게 하는 말은 바로 하지만 남을 힘들게 하는 말은 한 번 더 생각해야 한다.
- ⊙ 분명히 말하기 – 말의 핵심은 분명히 해야 나중에 오해가 없다.
- ⊙ 직접 말하기 – 눈을 보면서 말하는 것은 상대방과 마음을 맞추는 것이다.
- ⊙ 사랑으로 말하기 – 말에는 사랑이 들어가야 한다. 그러면 어떤 말이라도 아름답다.

2 긍정적 삶 만들기

옛날 어느 왕이 자신이 공부한 것을 백성들과 함께 나누고 싶었다. 하지만 백성들은 일하느라 바빠 공부할 시간을 따로 마련하기 쉽지 않았다. 이에 왕은 학자들에게 세상의 모든 지식을 총망라하여 12권의 책을 만들라고 명령했다. 백성들이 짧은 시간 안에 핵심적인 지식을 전달받을 수 있기 위한 조치였다.

학자들의 연구 끝에 12권의 책이 나왔으나 그 책을 보자 왕은 12권의 책마저도 많게 느껴져 다시 학자들에게 명령했다.

"12권의 책을 더 간단히 줄여 1권의 책으로 만들라."

왕의 명령에 따라 학자들은 다시 연구해 1권의 책으로 만들었다. 책을 본 왕은 기뻤지만 백성들 모두에게 그 책을 나눠주는 게 부담스러웠다. 그래서 다시 책의 지식을 한 줄로 줄여 오라고 명령해 결국 학자들은 세상의 지식을 단 한 문장으로 줄였다고 한다.

이 일화는 중국 고전인 '장자'에 나오는 이야기다. 학자들이 마지막으로 세상의 지식을 한 줄로 압축한 문장은 '세상에 공짜는 없다.'였다.

우리 속담에 '산토끼 잡으려다 집토끼 놓친다.', '세상에 공짜 점심은 없다.'는 말이 있다. '산토끼'를 얻으려면 그 대신 '집토끼'를 포기해야 하고, '점심을 얻어먹으려면 반드시 그만큼의 대가를 치러야 한다.'는 뜻이다.

〈인어공주〉는 꿈에 그리던 왕자님을 만나기 위해 두 다리를 얻는 대가로 기꺼이 자기의 아름다운 목소리를 포기했다. 〈효녀 심청〉은 아버지가 빛을 볼 수 있도록 하기 위해 기꺼이 자기 목숨을 바치는 경우를 그 예로 들 수 있다.

어떤 하나를 택함으로써 포기하지 않으면 안 된다. 바로 여기서 만들어지는 기회의 가치를 '기회비용'opportunity cost이라고 한다.

우리는 살아가면서 너무나 많은 선택choice을 한다. 우리의 삶 자체가 선택의 과정이다. 우리의 삶은 무수한 선택의 과정이므로 경제학은 바로 우리 삶의 선택을 도와주는 학문이라고 보면 된다. 매일매일 사소한 일에서부터 큰일까지 선택을 하지 않으면 안 된다.

무엇을 살까, 학교, 학과, 배우자, 직장, 자동차, 주택은 어떤 것으로 할까. 세상의 모든 일을 처리하는데 있어 시간과 자원과 능력은 제한돼 있다. 여기서 우리는 포기할 수밖에 없는 기회비용은 최소로 하고, 또 포기를 통해 얻을 수 있는 이익은 최대가 될 수 있도록 하는 게 중요하다. 우리가 흔히 듣는 '합리적인 의사결정'이란 바로 이것을 두고 하는 말이다.

자수성가한 부자들의 출발점은 역시 우리와 다를 바 없다. 적은 월급의 직장인에서 출발한 부자가 된 사람들이 많다. 또한 그들은 우리 이웃에 사는 평범한 사람이라고 이야기한다. 다만 일반인들과 다른 점은 우리가 머리로만 아는 사실을 이들은 〈실천〉한다는 것이다.

첫째, 부자들은 목표가 뚜렷하다.
둘째, 부자들은 자기 관리에 능하다.
셋째, 부자들은 돈을 현명하게 쓰는 습관을 가지고 있다.
넷째, 부자들은 사람관리 또한 일의 연장선이라고 생각한다.
다시 말해 부자들은 운이 좋은 사람이라기보다는 좋은 운을 만들기 위해 끊임없이 준비하는 사람들이다.

같은 일을 해도 어떤 사람은 자기가 하는 일에 짜증과 신경질을 부리는가 하면, 어떤 사람은 휘파람을 불면서 신바람을 내며 일을 한다. 아무리 사소한 일이라 해도 내키지 않는 마음으로 마지못해 일한다면 일의 효율성에서뿐만 아니라 정신 건강 면에서도 좋지 못하다. 작은 마음가짐의 차이가 일과 사랑, 취미의 차이로 이어지게 되고 결국에는 성공과 실패를 판가름된다.

당신이 어디서 무엇을 하는 사람이건, 생활 속에서 스스로 에너지를 만들어 내지 못한다면 아무리 큰 뜻을 품고 있어도 얼마 가지 않아 허사가 되고 말 것이기 때문이다. 한번쯤 생활 패턴을 바꿔볼 생각은 안 했는지 자신에게 물어 보자.

생활 패턴을 바꾼다는 것은 새로운 인생을 살 수 있다는 것이다. 이제까지의 어설펐던 생활 방법을 하나하나 개선해 본다는 것인 마치 낡은 집을 개조하는 것과 같이 당신의 삶에 변색되거나 내려앉은 구석을 새롭게 보수하거나 개조하는 공사이다. 만일 삶이 그다지 즐겁지 않다고 느껴진다면 그 이유가 무엇인지 한번 살펴보아야 한다.

- 삶의 가치를 어디에 두고 있는가?
- 하루 중 가장 소중하게 생각하는 시간은 언제이며 그 이유는 어디에 있는가?
- 하루의 수면시간은 얼마나 되는가?
- 하루의 사이클을 점검해 보았는가?

젊은 날에는 작은 기쁨에도 멋지게 휘파람을 불며 즐거워했지만 해가 지날수록 웬만한 일엔 감동조차 않는다.

사람의 감성은 스스로 만들어 내는 것이다. 저녁노을을 바라보는 여유로움 속에 자연을 가까이 하는 생활은 감성의 이슬을 메마르지 않게 하는 방법이다. 그런 사람은 즐거운 일엔 기꺼이 호탕하게 웃을 줄 알고, 슬픈 일엔 눈물을 보일 줄 아는 사람이다. 하루하루의 작은 기쁨, 작은 행복을 소중히 가꾸어 가는 사람이 되자.

여유 있게 세상을 바라보느냐 아니냐가 당신의 10년 후의 모습을 완전히 다른 사람으로 만들어 버릴 것이다.

감성이 충만한 사람은 자신의 인생을 행복과 성공으로 이끌 수 있을 뿐만 아니라, 다른 사람에게 기쁨과 감동을 줄 수 있는 사람이며 상생相生의 게임을 할 수 있는 사람이다.

3. 행복한 억만장자들이 '운'을 끌어들이는 법

사람과의 인연을 중요시한다

'운'이란 사람을 통해 찾아온다. 그러므로 '운'이 다가오는 길을 많이 만들어놓음으로써 보다 많은 '운'을 끌어들일 수 있다. 많은 억만장자가 '인생이 바뀐 기회를 사람에게서 얻었다.'고 말한다. 그것은 누군가를 소개해 주거나 새로운 정보를 얻거나 하는 식이다. 만난 사람과의 인연을 소중히 함으로써 이런 기회가 많이 모여들게 된다. 그리고 당신의 '운'도 비로소 높아진다.

시대의 흐름을 붙잡는다

시대의 흐름을 알아차리는 것이다. 시대흐름이 있는 곳에는 '행운'이 모인다. 유행하는 상점에는 그렇지 않은 상점보다도 기운이 넘쳐난다. 그 힘에 이끌려 많은 사람들과 돈이 모여든다. 행복한 억만장자는 시대흐름을 피부로 느끼기 때문에 평상시 새로운 것을 공부하거나 다양한 사람을 만나면서 적극적으로 나서려 한다. 필자는 지금까지 자신이 가장 좋아하는 것이 시대흐름과 일치한 덕분에 크게 성공한 사람을 많이 봐왔다. 시대의 흐름, 그 가까이에만 가도 '행운'을 붙잡기 쉬워지는 것 같다.

감사한다

사람과 똑같이 행운의 여신도 감사하는 마음을 가진 사람에게 더 자주 나타난다. 행복한 억만장자는 좋은 일이 일어날 때는 물론 나쁜 일이 일어나도 인생의 메시지를 받아들여 감사할 줄 안다. 행복한 억만장자의 행동을 보고 있자면 '고맙다.', '감사합니다.' 등 고마움의 단어들을 자주 입에 올리는 것을 알 수 있다. 감사의 마음가짐도 실제로 입 밖으로 표현하지 않으면 상대에게 전해지지 않는다. 이렇듯 주위사람에게 감사의 마음을 잊지 않는 행복한 억만장자에게 행운의 여신은 미소 짓는다.

다른 사람을 기쁘게 한다

'운'은 사람의 인연을 통해 다가온다는 것과 같은 맥락으로 다른 사람을 기쁘게 함으로써 행운이 올 가능성이 높아질 수 있다. 행운의 여신의 입장에서 생각해 보면 이 뜻을 알 수 있다. 당신은 자신을 응원하며 기쁘게 해주는 사람과 그리 신경 써주지도 않는 사람, 이 둘 중에 어느 쪽 행운을 배달해 주고 싶은가. 사람을 통해 찾아오는 '행운'이라는 건 다른 이를 기쁘게 해주는 사람에게 모여든다. 행복한 억만장자는 바로 '주위사람들의 기쁨조'가 된 사람이다.

성공도 행복도 사랑도 집중이다

어느 청년이 왕을 찾아와서 성공의 비결을 물었다. 왕은 청년에게 물이 가득 담긴 물동이를 주면서 그것을 머리에 이고 시장을 한 바퀴 돌아오면 가르쳐 주겠다고 말했다. 그 대신 만일 물동이의 물을 한 방울이라도 흘리면 그때는 생명을 내놓아야 한다고 말했다.

청년은 왕이 시키는 대로 머리에 인 물동이의 물이 흘러넘치지 않도록 조심조심 걸어서 시장을 돌아왔다. 청년이 안도의 숨을 내쉬며 왕 앞에 물동이를 내려놓았다. 그러자 왕이 청년에게 물었다.

"너는 시장에서 무엇을 보았고 무슨 소리를 들었느냐?"

그제야 청년은 아무것도 보지 못했고 듣지 못했다는 것을 깨달았다. 오직 머리에 이고 있는 물동이의 물이 흘러내릴까 그것에만 신경을 쓰느라 시끄러운 시장을 돌아오면서도 아무것도 보지 못하고 듣지 못했던 것이다. 왕이 청년에게 말했다.

"오직 한 가지 일만 생각하느라 다른 것에는 신경을 쓰지 않는 정신력이 바로 뜻을 이루는 지름길이니라."

4
돌아오지 않는 세 가지

한 번 지나가면 다시는 돌아오지 않는 것이 세 가지가 있다. 그것은 잃어버린 기회, 시위를 떠난 화살, 입에서 나온 말이다.

그중 가장 무서운 것은 무엇일까?

물론 말이다. 한 말마디 잘못하여 평생을 불행하게 사는 사람도 있다.

개구리가 뱀에게 발각돼 잡아먹히는 것은 시끄러운 울음소리 때문이다. 꿩의 울음소리는 사냥꾼의 표적이 된다. 물고기는 입으로 낚인다.

사람은 잘못 쏟아진 말로 재앙을 부른다. 힘깨나 쓰는 정치인들이나 장관들을 보라. 잘못 '쏟은 말'로 곤욕을 치르거나 자리를 물러앉는 사례들을 심심치 않게 보고 있지 않은가?

목소리가 큰 사람은 허풍과 과장이 많고, 애매하게 말하는 사람은 거짓이 많다. 수다를 떠는 사람은 진실성이 약하고, 과격하게 말하는 사람은 억지가 많다.

사랑의 말은 상처를 치유한다. 그러나 부주의한 말은 분쟁을 만든다. 격려와 칭찬은 주변을 환하게 밝힌다. 말은 곧 그 사람의 인격이다. 말은 나뭇잎과 같다. 나뭇잎이 무성한 나무는 열매가 적다.

말은 돈과 같은 것이다. 과장된 말은 인플레와 같고, 약속을 실천하지 못하는 말은 부도 수표와 같으며, 의식적인 거짓말은 위조지폐와 같다.

골즈워디는 '인간의 눈은 그의 현재를 말하며 입은 그가 앞으로 될 것을 말한다.'고 했다.

성경의 잠언에도 '지혜로운 사람은 사람의 입에서 나오는 열매로 인하여 배가 부르게 된다.'고 했다.

말에는 사람의 미래를 움직이는 힘이 있다. 그러므로 긍정적인 말, 아름다운 말을 통해 자신의 미래를 긍정적으로 가꾸는 것은 물론, 이웃에게도 좋은 영향을 미치는 사람이 되어야 한다. 격려와 기쁨의 말은 가람에게 용기와 행복을 주지만 저주와 비난의 말은 한 사람의 신용과 명예를 일시에 무너뜨리기도 한다.

말은 파동 에너지인 물의 역할과 같다. 70%가 물인 우리 몸을 움직이는 것은 말이다. 지금은 말을 다듬고 고치고 가꾸어야 할 때이다. 부정적인 말을 긍정적으로 고쳐 나갈 수 있다.

적극적인 말을 외치면 소심한 성격이 적극적으로 변화된다. 선한 말하기를 습관화하면 마음이 다스려지고 좋은 말을 훈련하면 지혜가 생긴다. 현재 나의 말씨가 미래의 내 모습이 된다는 것을 깨닫고 긍정적이고 낙천적이고 적극적인 말의 씨를 뿌리자.

5 세상을 다 끌어안는 긍정화법

모든 사람에게 공짜로 주어지는 것이 두 가지가 있는데, 그것은 바로 시간과 말이다. 시간을 어떻게 활용하는가에 따라 그 사람의 인생이 달라지듯이, 말을 어떻게 하느냐에 따라 천 냥 빚을 갚을 수도 있고, 남에게 미움을 받을 수도 있다.

자신이 자주 쓰는 말을 객관적으로 분석해보자. 그러면 자신의 미래를 예측해볼 수 있을 것이다.

성공하는 사람은 말투부터 다르다. 성공하는 사람은 어떻게 말할까? 그럼 이런 질문으로 시작해보겠다. 이 질문은 당신이 하루에도 수십 번 듣는 말이다.

"요즘 어떠십니까?"

보통 이런 질문을 받으면 긍정형·평범형·부정형, 세 가지 형태로 답을 한다.

이들은 질문을 받으면 입버릇처럼 이렇게 말한다.

"별로예요.", "피곤해요.", "죽을 지경입니다.", "묻지 마세요.", "죽겠습니다."

또 어떤 사람들은 이렇게 이야기한다.
"그저 그렇지요.", "대충 돌아갑니다.", "먹고는 살지요.", "늘 똑같죠.", "거기서 거깁니다."

다음과 같은 말에는 열정과 힘이 가득 실려 있다.
"죽여줍니다.", "좋습니다.", "대단합니다.", "환상적입니다.", "끝내줍니다.", "아주 잘 돌아갑니다."

이 세 가지 유형 중 당신은 어떤 유형이 맘에 드는가? 아마 마지막 말투일 것이다. 성공인 그룹과 실패인 그룹은 말하는 습관부터 다르다고 한다.

성공인은 남의 말을 잘 들어주지만, 실패인은 자기 이야기만 한다.
성공인은 '너도 살고, 나도 살자'고 하지만, 실패인은 '너 죽고 나 죽자'고 한다.
성공인은 '해보겠다.'고 하지만, 실패인은 '무조건 안 된다.'고 한다.
성공인은 '난 꼭 할 거야.'라고 말하지만, 실패인은 '난 하고 싶었어.'라고 말한다.
성공인은 '지금 당장'이라고 하지만, 실패인은 '나중에'라고 한다.
성공인은 '왜, 무엇'을 묻지만, 실패인은 '어떻게, 언제'를 묻는다.

성공인은 '지금까지 이만큼 했다.'고 하지만, 실패인은 '아직 이것밖에 못 했다.'고 한다.

성공인 그룹의 말투를 자세히 분석해보면 다음과 같다.
첫째, 성취를 다짐한다.
둘째, 작은 성공을 서로 축하해준다.
셋째, 실패를 나무라기보다는 성취를 인정한다.
넷째, 화를 내기보다는 유머를 즐긴다.
다섯째, 남을 탓하기 전에 자신을 탓한다.
여섯째, 상대방의 장점에 초점을 맞춘다.
일곱째, 부정문보다는 긍정문으로 말한다.
여덟째, 상대방을 신나게 호칭한다.
아홉째, 노래방에 가서도 긍정적인 노래를 부른다.

서울에 있는 한 김밥 집에서 있었던 일이다.
이 김밥집 주변엔 기업체 건물들이 많아, 매장에서의 판매보다는 배달로 매출을 더 올리고 있었다. 그래서 배달하는 아르바이트 학생이 많이 있었다.
그런데 그 김밥집 주인은 아르바이트 학생이 배달을 나갈 때나 갔다 왔을 때 꼭 이렇게 말하는 것이었다.
"쉬었다 하게나.", "천천히 다녀오게.", "물 좀 마시고 하게.", "조심해서 다녀오게."

그 주인의 말투엔 정말 기름기가 잘잘 흐를 정도로 정이 넘쳐 있었다. 그 주인은 우리나라에서 김밥 하면 둘째가라면 서러워할 '김밥의 대가'였다. 즉 한 분야에서 최고를 달리는 사람들은 말하는 데도 이렇게 신명이 나고, 상대를 배려주는 자세를 가지고 있다는 것이다.

이처럼 당신도 성공하려면 무엇보다 지금 쓰는 말투부터 바꿔야 한다. 옛 속담에 '말이 씨가 된다.'는 말이 있다. 평상시 하는 말이 바로 성공을 암시하는 중요한 씨앗이 된다.

두 명의 농부가 1,000평에 달하는 밭을 똑같이 갈고 있었다. 그런데 한 농부는 "아직도 900평이나 남았는데 언제 이 밭을 다 가나?" 하고 푸념을 하고 있었다. 그런데 다른 농부는 "이제 900평밖에 남지 않았구나."라고 말했다.

누가 먼저 밭을 다 갈겠는가?

예전의 집들은 난방이 잘되지 않아 위풍이 심했다. 그래서 아이들은 다들 코를 줄줄 흘리고 다녀서 어머니들은 늘 앞치마나 휴지로 코를 풀어주는 게 일이었다. 그런데 이때 어머니들은 코에 손을 대면서 바로 "흥! 흥 해라!"라고 말하곤 했다. 어머니들이 쓰신 '흥'이란 말은 바로 한자로 '興'이었던 것이다. 그러니까 우리네 어머니들은 심지어 코를 풀 때도 자식이 잘되라고 "興! 興 해라!"라고 한 것이다. 평소 쓰는 말의 중요성을 잘 알고 있었던 것이다.

대개 사람들은 실패를 하게 되면 열등의식을 갖게 되고, 자신의 존재가치를 잃게 된다.

　영화 〈슈퍼맨〉의 주인공 크리스토퍼 리버의 일화다.

　이 사람은 승마를 하다 낙마를 했다. 그래서 온몸에 주사를 맞을 정도로 심하게 다쳐 병실에 누워 있었다. 그는 고민 끝에 어머니에게 "어머니 나에게 남은 건 아무 것도 없습니다. 그냥 죽게 해주십시오."라고 말하면서, 산소 호흡기를 떼어달라고 부탁했다. 크리스토퍼의 어머니는 그렇게 하겠노라고 말했다. 이렇게 어머니로부터 승낙을 받은 크리스토퍼는 아내에게 이 제안에 동의해줄 것을 요청하고, "차라리 지금 죽는 게 낫다."고 고백했다. 그러나 그의 아내는 그 말을 듣고 이렇게 말했다.

　"당신은 당신일 뿐이에요."

　그러니까 '당신이 하반신을 못 쓰는 불구자든 아니든 간에 당신은 나의 남편이다.'라는 것이다.

　이 이야기에 감명을 받은 크리스토퍼 리버는 생각을 바꾸었다. 그래서 무엇으로 남은 인생을 살 것인가 생각한 뒤, 자신과 같은 척추불구자를 위해 척추재생 연구에 헌신할 것을 다짐했다. 다시 살기로 결심한 후, 그는 모금운동을 벌여 2억 불을 모금했다. 아내가 해준 말 한 마디가 그의 인생을 바꿔놓은 것이다. 이런 광고가 있었다.

　"국물이… 국물이 끝내줘요."

　당신도 누군가가 "요즘 어떠십니까?"라고 물으면 바로 이렇게 답해보라.

　"끝내줘요!"

6 최고의 긍정화법

햇살 가득한 대낮
지금 나하고 하고 싶어?
네가 물었을 때
꽃처럼 피어난
나의 문자
"응"

동그란 해로 너 내 위에 떠 있고
동그란 달로 나 네 아래 떠 있는
이 눈부신 언어의 체위
오직 심장으로
나란히 당도한
신의 방

너와 내가 만든

아름다운 완성
땅 위에
제일 평화롭고
뜨거운 대답
"응"

문정희 시인의 "응"이란 시다. 같이 밥을 먹자는 건지 영화를 보자는 건지 드라이브를 하자는 것인지 다른 무슨 수작을 꾸미자는 것인지는 몰라도 "응"이다.

시인은 지평선에 떠 있는 해와 달처럼 대칭의 이 "응"이 마주보고 있는 모양을 두고 "눈부신 언어의 체위"라고 한다. 동그라미 두 개가 서로 긍정하며 수용되는 지점에서 우주적 황홀경이 펼쳐진다. 남녀 간의 사랑뿐 아니라 사람 사이의 모든 관계가 완벽한 긍정과 소통이 이뤄진다는 것은 어마어마한 진선미의 총화다.

솔직 대담하면서도 경쾌하고 재미있는 시다.

"응"은 사람이 세상 밖으로 나와서 가장 먼저 구사하는 긍정의 모국어다. 갓난아기의 옹알이 단계에서부터 사용하는 본능적인 근원의 생존언어라 할 수 있다. 굳이 배우지 않아도 엄마 뱃속에서부터 익혀서 나온 말이다. 입술을 달싹이지 않고도 가슴에서 뿜어내기만 하면 되는 말이다. "응?" 하고 한 음절로 물을 때 "응!" 하고 한 음절로 대답하면 만사형통이다.

어른이 되어서는 언어의 유통구조가 복잡해지긴 하지만 그래도

"응"은 매우 분명하고 효과적인 의사표현 수단으로 기능하고 있다. '당신이 부르면 언제든지 달려가겠다.'는 유행가 가사처럼 무엇을 하든 '당신과 함께라면 좋다.'는 무조건적인 특급사랑의 관계에서 1초의 머뭇거림도 없이 즉각 "응"이라고 대답할 수 있는 사람이 있다면 정말 행복한 사람이 아닐까?

 "응"이야말로 가장 긍정적인 말이 아닐까 한다.

 "응"

 긍정화법을 위해서는 긍정적인 마인드가 필요하다. 긍정적인 마인드를 가졌을 때 긍정적인 행동과 긍정적인 말을 할 수 있게 되기 때문이다. 때론 긍정적인 행동이 긍정적인 마인드를 갖게 하기도 한다. 그래서 우리는 "계란이 먼저인가, 닭이 먼저인가?"란 논란에 빠지게 되는데 '가역성의 법칙'이 그 문제를 해명해 준다.

 하이테크 헤드폰을 만드는 회사가 시장 조사를 하기 위한 것이라면서 일군의 학생들을 모집했다. 회사 측은 학생들에게 헤드폰 세트를 착용한 채 머리를 격렬하게 움직여도 헤드폰이 잘 작동하는지 시험해 보라고 했다.

 학생들은 헤드폰을 통해 노래를 들은 후, 대학의 수업료를 현재의 587달러 수준에서 750달러로 인상해야 한다고 주장하는 라디오 논설을 들었다.

 학생들 중 1/3에게는 노래를 듣는 동안 머리를 좌우로 세차게 흔들도록 했다. 다른 1/3에게는 노래를 듣는 동안 위아래로 고개를 흔들도록 했다. 나머지 1/3은 통제집단으로서, 머리를 흔들지 않고 가만히 있게 했다.

실험이 끝나자 학생들에게 짤막한 설문지가 주어졌다. 고개를 흔드는 것이 헤드폰에 어떤 영향을 주었는지를 물었다. 그리고 마지막 부분에 실험자들이 정말로 대답을 듣고 싶어 하는, '학부생들의 연간 등록금이 어느 정도면 알맞다고 생각하느냐?'라는 문항을 슬쩍 넣어두었다.

결과는 놀라웠다. 머리를 흔들지 않고 가만히 있었던 학생들은 논설의 영향을 받지 않았다. 그들은 582달러가 적당하거나 아니면 기존의 수업료 수준과 비슷해야 한다고 답변했다. 그런데 머리를 좌우로 흔든 학생들은 기존의 등록금에 강력히 반발했다. 그들은 연간 등록금이 467달러 수준으로 인하되기를 바랐다.

반면 머리를 위아래로 흔든 학생들에게는 라디오 논설이 대단히 설득력이 있었다. 평균적으로 그들은 등록금을 646달러 정도로 인상하기를 원했다. 실험에 참여한 학생들은 단지 헤드폰 세트의 성능을 실험하는 것이라는 말을 듣고 머리를 흔들었을 뿐이지만, 머리를 흔든 방향에 따라 등록금 인상에 대한 우호성이 달라진 것이다.

우리는 통상적으로 감정에 따라 행동이 바뀌는 것으로 알고 있지만, 그 반대의 경우도 성립한다. 위의 예에서처럼, 행동에 따라 감정이 바뀌기도 하는 것이다. 이것을 심리학에서는 '가역성의 법칙Law of Reversibility'이라고 한다. 긍정적으로 행동하면 긍정적인 감정이 만들어지고, 부정적으로 행동하면 부정적인 감정이 생긴다는 것이다.

'성공하려면 성공한 사람처럼 행동하라.'는 것도 바로 이 이유 때문이다.

말 속에 또 다른 의미가 숨겨져 있을 때가 있다. 이처럼 숨겨진 메시지를 메타 메시지metamessage라고 한다. 말로 표현한 진술에 대해 설명하는 인간의 의사소통, 예를 들어 클라이언트가 "나는 화가 안 났어!"(일차적 진술) 하고 말은 하지만, 주먹을 치는 행동(메타 메시지)을 들 수 있다.

메타 메시지는 언어적이거나 비언어적일 수 있고, 의식적이거나 무의식적일 수 있고, 일차적 진술과 일치하거나 모순이 될 수 있다. 이처럼 메타 메시지는 대화나 협상 중에 대한 상대방의 입장을 알 수 있는 힌트가 된다. 메타 메시지를 감지할 수 있는 쉬운 방법이 있는데 그것은 상대방이 강조하는 단어나 눈빛, 시선, 제스처나 태도를 파악하는 것이다. 말로는 우호적인 것 같아도 보디랭귀지는 전혀 다른 분위기를 보여줄 수 있다. 이런 경우 메타 메시지를 감지할 수 있다면 상대의 생각과 관점을 보다 잘 이해하고 인정할 수 있다.

여기서 긍정적 메타 메시지를 생각해 볼 수 있는데 그것은 바로 신神이 사용하는 도구라 할 만큼 신비로운 효과를 주는 '시선(바라보고), 미소(미소 짓고), 끄덕임(고개를 상하로 끄덕이는)만으로도 상대에게 마음의 유대, 즉 라포Rapport를 형성해서 벽을 허물고 소통할 수 있게 된다.

대화란 대놓고 화를 내는 것이 아니라 탁구공처럼 주고받는 것이다. 따라서 상대와 라포를 형성해 소통하기 위해서는 긍정적인 메타메시지인 신기(神器:시선, 미소, 끄덕임)를 사용하고, 상대의 상황과 주장을 인정하고(인정하기), 공감(공감하기)해 주며 질문(질문하기)하는 긍정화법의 순서를 잘 익혀 주기 바란다.

쉬어가기
사랑스런 말

자녀의 앞날을 빛나게 하는 말은 "네가 참 많이 자랑스러워."

반복되는 일상에 새로운 희망을 선사하는 말은 "첫 순수한 마음으로 살아가자."

환상의 짝꿍을 얻을 수 있는 말은 "우리는 운명적인 천생연분이야."

다시 일어설 수 있는 힘을 주는 말은 "괜찮아 잘될 거야"

상대의 가슴을 설레게 하는 말은 "많이 보고 싶었어."

배우자에게 사는 보람을 느끼게 하는 말은 "난 당신밖에 없어."

상대를 특별한 사람으로 만들어 주는 말은 "역시 넌 특별히 뭔가 달라."

상대의 지친 마음을 어루만져 주는 말은 "그동안 고생 많았어!"

인생의 즐거움에 새롭게 눈뜨게 해주는 말은 "한번 해볼까."

백 번, 천 번, 만 번을 들어도 기분 좋은 말은 "사랑해."

내가 하는 일에 스트레스 받지 말고, 내가 하는 일을 기꺼이 기쁘고 즐겁게, 내가 제일 좋아하는 일이라 여기며 그렇게 뚜벅뚜벅 걸어갈지라.

내 인생 금지어

　언젠가 / 아마도 / 만약에 / 아니오 / 그럴 걸 / 바쁘다 / 난 몰라 / 잘났어 / 뭘 알아 / 그만둬 / 끝났어 / 다음에 / 안 된다 / 모른다 / 미쳤니 / 바보니 / 모른다 / 조용해 / 입 다물어 / 잘해봐라 / 해보나 마나야 / 아이쿠 / 힘들어 / 죽겠다

마법의 주문

- 상대의 화를 가라앉히는 주문 – 미안해요.
- 겸손한 인격의 탑을 쌓는 주문 – 고마워요.
- 상대의 어깨를 으쓱하게 하는 주문 – 잘했어요.
- 화해와 평화를 부르는 주문 – 네가 잘했어.
- 존재감을 쑥쑥 키워주는 주문 – 당신이 최고야.
- 상대의 기분을 '업'시키는 주문 – 오늘 아주 멋져 보여요.
- 더 나은 결과를 이끌어 내는 주문 – 당신 생각은 어때요?
- 든든한 위로의 주문 – 내가 뭐 도울 일 없어요?
- 상대의 자신감을 치솟게 하는 주문 – 어떻게 그런 생각을 다 했어요?
- 열정을 샘솟게 하는 주문 – 나이는 숫자에 불과해!
- 상대의 능력을 200% 읽는 주문 – 당신을 믿어!
- 용기를 크게 키우는 주문 – 넌 할 수 있어!

- 부적보다 큰 힘이 되는 주문 – 널 위해 기도할게.
- 충고보다 효과적인 공감의 주문 – 잘되지 않을 때도 있어.
- 호감을 사는 주문 - 당신과 함께 있으면 기분이 좋아.
- 자녀의 앞날을 빛나게 하는 주문 – 네가 참 자랑스러워.
- 반복되는 일상에 희망을 선사하는 주문 – 첫 마음으로 살아가자.
- 환상의 짝꿍을 얻을 수 있는 주문 – 우리는 천생연분이야.
- 다시 일어설 수 있는 힘을 주는 주문 – 괜찮아, 잘될 거야!
- 상대의 가슴을 설레게 하는 주문 – 보고 싶었어.
- 배우자에게 사는 보람을 주는 주문 – 난 당신밖에 없어요.
- 상대를 특별한 사람으로 만들어 주는 주문 – 역시 넌 달라.
- 상대의 지친 마음을 어루만져 주는 주문 – 그동안 고생 많았어요.
- 백 번, 천 번 들어도 기분 좋은 주문 – 사랑해요.

7
긍법화법의 4가지 말

고대 그리스의 철학가인 소크라테스가 사는 마을에 남의 이야기를 좋아하는 아돌프라는 청년이 있었다.

어느 날 소크라테스가 마을 앞 나무 밑에서 쉬고 있는데 아돌프가 휘파람을 불면서 나타났다. 소크라테스는 아돌프가 헛소문을 퍼트리고 다니는 바람에 마을 사람 중에 상처를 받는 사람이 많다는 것을 알고 이 기회에 아돌프에게 가르침을 주고자 했다. 소크라테스를 본 아돌프가 먼저 다가와 인사를 하더니 이야기를 꺼내는 것이었다.

"선생님! 제 말을 좀 들어보세요. 윗마을에 사는 필립이 무슨 일을 저질렀는지 아세요? 그 착한 친구가 글쎄……."

이때 소크라테스는 아돌프의 말문을 가로막고 물었다.

"먼저 이야기를 하기 전에 세 가지 체에 걸러보세. 첫 번째 체는 사실이라는 체라네. 자네는 지금 하려는 이야기가 사실이라는 증거가 확실하나?"

그러자 아돌프는 머뭇거리며 대답했다.

"아닙니다. 저도 들은 이야기입니다."

소크라테스는 다시 아돌프에게 물었다.

"그럼 두 번째 체는 선이라네. 자네는 지금 하려는 이야기가 진실이 아니라면 최소한 좋은 내용인가?"

아돌프는 이번에도 머뭇거리며 대답했다.

"아닙니다. 별로 좋은 내용이 아닙니다."

소크라테스는 이제 아돌프에게 마지막으로 물었다.

"이제 세 번째 체로 다시 한번 걸러보세. 자네 이야기가 꼭 필요한 것인가?"

아돌프는 소크라테스의 말에 조용히 말했다.

"꼭 필요한 것은 아닙니다."

소크라테스는 미소를 지으며 아돌프에게 말했다.

"그렇다면 사실인지 아닌지 확실한 것도 아니고 좋은 것도 아니고 필요한 것도 아니면 말해야 무슨 소용이 있단 말인가?"

구약성서에 보면 '죽고 사는 것이 혀의 권세에 있다.'는 말이 있다. 혀는 작은 기관이지만 때로는 살인의 무기가 될 만큼 강력하다. 말한 마디에 영웅을 만들기도, 바보를 만들기도 한다. 근거 없는 험담은 사람을 죽이기도 한다. 따라서 말을 하기에 앞서 늘 3가지 체에 걸러봐야 한다.

"이 말이 사실인가?", "상대에게 유익이 되는 말인가?", "꼭 필요한 말인가?"

진실한 말 fact

장광설長廣舌이란 '길고[長] 넓은[廣] 혀[舌]'라는 뜻이다.

말은 입 속에 있는 혀를 움직여서 소리가 되어 나오므로, 혀는 곧 말과 같은 뜻으로 쓰인다.

개구리가 아닌 이상 사람의 혀가 머리카락까지 닿을 수는 없었을 테고, 혀가 길고 넓었다는 말은 훌륭한 가르침의 말씀을 많이 남겼다는 뜻일 뿐이다.

장광설은 이렇게 처음엔 거짓 없는 진실한 말을 하는 사람을 가리키는 말이었다. 그런데 오늘날에는 한번 말을 했다 하면 사람들이 지루해지도록 끝도 없이 길게 하는 말을 가리키는 뜻으로 쓴다.

사람들이 너무 바빠서 남의 말을 귀담아들을 여유가 없기 때문에 오랫동안 길게 말하는 것을 달가워하지 않게 된 것이다. 따라서 언제 어디서든 요령 있게 할 말만 할 줄 아는 지혜가 필요하다.

진실한 말은 간단하다.

그 누구나 잘못이 있을 때 거짓말을 꾸며대어 그것을 덮으려고 한다. 그러나 거짓에는 반드시 앞뒤가 모순되는 법이다. 그 모순을 빈틈없이 감추려는 것은 그리 쉽지 않다. 따라서 거짓말일수록 복잡하게 늘어놓게 된다.

반대로 진실한 말은 지극히 간단하다. 경제법칙에도 진실한 말이 효과적이다.

노자는 "정성을 다하고 마음을 다하는 사람은 결코 말싸움을 하지 않으며 말싸움을 좋아하는 사람은 결코 정성을 다하고 마음을 다하지 않는다. 진실한 말은 즐거움을 주지 못하며 즐거움을 주는 말은 결코 진실하지 못하다."고 했다. 마음을 다하는 진실한 말이 사람을 움직일 수 있고 마음을 사로잡을 수 있다.

필요한 말 need

필요한 말을 한다는 것은 불필요한 말을 하지 않는다는 말과도 일치한다. 불필요한 말이란 상대나 나에게 유익이 되지 않는 말이며 상대가 듣고자 하는 말을 의미하기도 한다. 상대가 듣고자 하는 말은 상대의 관심사항이나 상대에게 정보가 되는 말이다. 상대에게 필요한 말이란 또한 상대에게 유익을 줄 수 있는 말이라 할 것이다.

친절한 말 kind

우리 속담에 '장님 손보듯 한다.'라는 말이 있다. 이는 즉 친절미가 없음을 가리키는 것이다. 매사 친절한 마음이야말로 세상살이에 있어 가장 큰 힘이라 생각된다. 그 큰 힘이 제대로 발휘될 때 보다 더 밝은 사회가 이룩되지 않을까. 지금 우리 사회는 점점 각박해지고 있다. 그러니 내 자신부터도 언제나 친절미를 잃지 말아야겠다. 친절한 마음이야말로 그 누구에게나 따스한 체온이 되는 까닭이다. 친절한 말은 심령에 내리는 이슬이나 부드러운 보슬비와 같다.

아름다운 말 Beautiful

아름다운 말이란 용기를 심어주고 희망을 주며 격려하는 긍정적인 말이다. 그런 아름다운 말에서 꽃이 피고 새가 운다.

"잘했다.", "고맙다.", "예쁘구나!", "아름답다.", "좋아한다.", "사랑한다.", "보고 싶다.", "기다린다.", "믿는다.", "기대된다.", "반갑구나.", "건강해라." 등의 말이다.

8 말은 축복의 샘이다

　인생은 말을 하면서 살아간다. 우리에게 말하는 능력이 있음은 특권이고 축복이다. 말에 생명력이 있음을 아는 자일수록 창조적인 말, 살리는 말을 한다. 사실 조금만 방심해도 우리는 다른 사람을 비판하는 부정적인 말로 흐르기 쉽다. 이 같은 문제를 어떻게 해결할 수 있을까. 사람을 만날 때 축복의 말 모범 답안을 미리 준비하면 좋을 것이다.

　누구를 만나든 수용하고 인정하며 칭찬부터 한다는 원칙을 정하고 실천해보자.

"얼굴이 참 밝아 보입니다."

"무척 젊어 보이네요."

"넥타이가 정말 멋집니다." 등.

　누군가를 위해 무엇인가를 해주고 싶은 순간, 우리 마음속에는 잔잔한 행복의 물결이 이는 것을 놓치지 말자.

　내가 행복하게 되는 길은 다른 사람들을 그렇게 만드는 것이다. 그것을 준비된 말로 얼마든지 할 수 있다.

말의 힘을 믿는 자는 일절 부정적인 말을 하지 않는다. 대신에 긍정적이고 적극적인 말로 하루를 열고 닫는다. 그런 사람은 말의 능력을 믿고 말을 하는 사람이다. 우리의 인격과 행복은 말로 차별화된다는 점을 명심하고 준비된 말의 모범 답안이 언제든지 튀어나오게 하자.

창조의 능력과 파괴 능력이 당신 입에 동시에 있다. 준비(훈련)된 말로 내가, 우리 가정이 기쁨과 평안을 솟아 흐르게 하는 근원이 될 수 있다. 복은 말을 따라 흘러오기 때문이다.

우리가 일상 속에서 가장 많이 써야 할 말이지만 잘되지 않는 말들이 있다. 혹자는 '기적을 일으키는 말'이라고 하는데, 이 말들이 참으로 기적을 일으키는 말에 틀림없다.

그 첫 번째가 "죄송합니다."라는 말이다.

설령 큰 잘못을 하지 않았더라도 "정말 죄송합니다."라고 말해 보자. 우리 삶이 달라질 것이다.

오늘날 우리의 사회는 '사과'하지 않는 것이 습관이 되어서 어려움을 겪고 있다. 자신의 죄과가 법에 의해 완벽하게 드러나기 전까지는 대개 얼굴을 가리고 모른 체한다. 자신에게 전혀 과오가 없는 것처럼 큰소리치며 행세한다. 그것이 우리를 어렵게 만드는 것이다.

자동차 접촉사고가 나도, 분명히 가해자임에 분명한데 대개는 "죄송합니다. 제가 변상하겠습니다."는 말을 하지 않는다. 오히려 끝까지 우기는 행태를 우리는 많이 보았다.

"죄송합니다."라는 말은 '책임'지는 발언이다. '나의 책임입니다.'는 뜻이 담겨져 있다. 리더십을 연구하던 학자가 안타깝게 외쳤다.

"도대체 오늘날의 이 사회는 책임을 지는 사람이 없다. 모두가 잘한 것만 있고, 실수에 대해서 그 누구도 책임지려 하지 않는다."

책임진다는 것은 대단한 결단과 용기가 필요한 것이다. 그것은 위대한 자만이 행할 수 있는 것이다. 그러므로 "죄송합니다."라고 고백할 수 있는 사람이야말로 약한 자가 아니라, 진정 강한 사람이요, 책임감이 있는 사람인 것이다.

우리는 이웃에게 기꺼이 "죄송합니다."라고 말하자. 그것에 인색할 필요가 없다. 그렇게 말한다고 스스로가 약한 사람처럼 보일까 두려워하는 사람이 얼마나 많은가.

'남자는 말이야, 사과하지 않는 거야.'는 식의 논리라든가, '사랑하는 사람끼리는 미안하다고 말하지 않는 거야.'라는 등의 거짓된 로맨스를 우리는 벗어버려야 한다. 사랑할수록 더욱 예의를 지켜야 하고, 남자일수록 더욱 책임을 져야 한다.

진정 위대한 사람은 어린 사람을 향해서 '미안하다.'고 할 수 있는 사람이다. 아빠가 아이에게 '미안해.'라고 말하지 않는다면 아이는 그 말을 배울 곳이 없다. 어른일수록, 더욱 사과하는 것에 본을 보여야 할 것이다.

두 번째 말이 "괜찮습니다."이다.

이것은 용납하는 것이다. 그래서 누가 무슨 잘못을 하고 어떤 실수를 행했을 때, 그가 설령 나에게 "죄송합니다."라고 하지 않았더라도 "괜찮습니다."고 말할 수 있는 것을 뜻한다.

"괜찮아. 그럴 수 있지 뭐."

'괜찮아.'는 '용납'의 말이며 '관용'의 말이다. 용서의 표현이다.

오늘날 이 사회가, 우리의 가정이 이 말을 잊고 있지는 않는지 생각하게 된다.

"괜찮아."라는 말은 용서의 말이요, 새로운 기회를 주는 말이다. 그것은 새 출발을 가능케 하는 말이다. 용서의 말은 한 사람의 운명을 바꾸어 놓을 만큼 굉장한 힘을 지녔다. 그것은 사람이 사람과 더불어 살아가는 데 있어서 필수적인 요소인 것이다.

어느 날 차를 운전하다가 운전이 서툴러서 골목길에서 앞서가는 차의 뒤꽁무니를 가볍게 들이받았을 때, 상대방이 욕을 해올 것을 예상하고 내렸는데 의외의 웃는 얼굴로 "차가 별로 긁히진 않았네요. 괜찮습니다. 그냥 가세요."라고 말하는 사람을 만났을 때, 그때의 가슴의 청량감을 느낀 적이 있는가?

세 번째 말은 "감사합니다."이다.

가다가 발이 밟혀도 "아이고, 감사합니다." 할 수 있는가?

아무리 작은 일이라 할지라도 고맙다고 표현해 보자. 그것은 우리의 가치관을 바꾸어 놓을 것이다.

습관이란 '일상의 작은 반복'을 통해서 형성되는 것이다. 길가에 지저귀는 새들의 소리, 반짝이는 햇살, 싱그러운 꽃잎들, 이 모두에 우리는 웃음을 줄 수 있는 건강함을 가졌다. 비단 시인이 아니더라도 그것만으로도 충분히 평생을 감사하고 살 수 있음을 알 수 있다.

그러나 감사하지 못하는 여러 이유 중에서 제일 현실적인 것을 꼽는다면 아마도 '삶의 염려'일 것이다. 이 염려란 것은 무서운 것으로써 영적인 축복마저도 다 잊게 만드는 마력을 가졌다. 염려는 악습같이 우리에게 붙어 있다. '안 해야지.' 하면서 다시 하게 된다.

다음 네 번째 말은 "사랑합니다."이다.

한번 생각해 보자. 지금까지 내 가족에게 이 말을 과연 몇 번이나 해 보았는가?

특히 연세가 많은 분들은 중년이 넘어가면서 "사랑합니다."라는 말을 거의 다른 이들에게 하지 않고 살아간다. 많은 경우 그들에게 "왜 가족들에게 '사랑한다.'고 말하지 않습니까?"라고 물어보면 아주 정색을 한다.

"어떻게 그럴 수가 있느냐?"라며 쑥스러워 하는 것이다.

사랑한다는 고백은 나이와 상관이 없다. 우리가 "사랑합니다."라고 말할 때, 관계도 달라진다. 비록 내가 누군가와 다투었더라도, "죄송합니다. 제가 잘못했습니다." 하고 나서 "전 정말 당신을 사랑합니다."라고 한다면 왜 서로가 변하지 않겠는가?

사랑을 표현하자. 우리에게 진정한 사랑이 있다면 우리는 그것으로 족하다고 생각해서는 안 된다. 사랑은 "표현되기까지"는 사랑이라고 할 수 없다. 사랑은 "확증"되어야 하는 것이다.

말의 4력

말에는 4력이 있다고 한다.

새겨지는 각인력과 잡아끄는 견인력, 이루는 성취력, 망가뜨리는 파괴력이 있다.

먼저 각인력이다.

어느 대뇌학자는 뇌세포의 98%가 말의 지배를 받는다고 발표한 적이 있다. 어떤 사람이 매일 5분씩 3번 다음과 같이 외쳤다.

"나는 위대한 일을 할 수 있다. 나는 내부에 위대한 가능성을 간직하고 있다. 나는 아직도 발휘되지 않은 가능성을 간직하고 있다."

이렇게 계속해서 말을 하다 보니 그는 가슴속으로부터 끓어오르는 자신감, 열정을 느끼기 시작했다. 드디어 그는 할 수 있는 사람이 되었다.

두 번째는 견인력이다.

말은 행동을 유발하는 힘이 있다. 말을 하면 뇌에 박히고, 뇌는 척추를 지배하고, 척추는 행동을 지배하기 때문에 내가 말하는 것이 뇌에 전달되어 내 행동을 이끌게 되는 것이다.

"할 수 있다."고 말하면 할 수 있게 되고, "할 수 없다."고 말하면 할 수 없게 되는 것이다. 그래서 언행일치라고 한다. 그러므로 항상 적극적이고 긍정적인 말을 해야 한다.

세 번째는 성취력이다.
한 젊은 청년이 노만 빈센트 필 박사에게 찾아와서 물었다.
"박사님, 어떻게 하면 세일즈를 잘할 수 있을까요?"
필 박사는 조그만 카드를 꺼내어 그 청년에게 주면서 적게 했다.
"나는 훌륭한 세일즈맨이다. 나는 세일즈 전문가다. 나는 모든 준비가 되어 있다. 나는 프로다. 나는 내가 만나는 고객을 나의 친구로 만든다. 나는 즉시 행동을 한다."

필 박사는 청년에게 그 카드를 갖고 다니면서 주문을 외우듯이 계속 반복해서 외우라고 했다. 그리하여 청년은 되풀이하여 읽었다. 고객을 방문하기 전에는 몇 번씩 되풀이해서 읽으면서 자기 자신에게 다짐을 했다. 이렇게 반복해서 하는 동안에 청년에게 기적이 일어났다. 자신에 대한 긍정적인 말이 그 청년을 유능한 세일즈맨으로 바꾸어 버린 것이다.

네 번째는 파괴력이다.
의외로 얼마나 많은 사람들이 부정적으로 말을 하고, 시시하게 선택을 하면서 그들의 인생을 되는 대로 그럭저럭 살고 있는지 모른다. "힘들다.", "그만둬야겠다.", "미치겠다.", "적성에 안 맞는다."고 말하면서 현재 자신의 인생을 시시하게 만들고 있는 것은 물론, 그들의 남은 인생마저도 비참하게 파괴하고 있다.

사람의 운명은 무슨 말을 듣고 자랐느냐의 사고에 있다.

10 말의 선택이 중요한 이유

영국의 수상이었던 윈스턴 처칠은 영어를 전투적인 표현으로 만드는데 빼어난 재능이 있었다고 전해진다. 그의 유명한 연설, 모든 영국인을 향해 이 위기를 '절호의 기회'로 만들자고 한 그의 호소는 다른 어떤 것과도 비교할 수 없는 용기를 끌어내었고, 자신의 기계화된 군대만이 천하무적이라고 믿었던 히틀러의 망상을 산산조각 내버렸다.

대부분의 신념은 말에 의해 형성되며, 또한 말에 의해 변하기도 한다. 자신의 간절한 염원을 담았던 마틴 루터 킹 목사의 감동적인 연설을 누가 잊을 수 있겠는가? "나에게는 꿈이 있습니다. 이 나라가 언젠가는 분연히 일어서서 그 신념의 참뜻을 살려나갈 것이라는 꿈이……."

우리는 위대한 연설가들이 우리의 마음을 움직이는 데 사용했던 말의 힘이 역사에서 얼마나 큰 역할을 했는지 잘 알고 있다. 그러나 말을 사용해서 자신을 감동시키고, 도전할 용기를 가지게 하고, 정신을 고양시키고, 스스로 행동하게 하고, 삶이라는 이 선물에 더욱 풍부한 의미를 부여할 수 있는 우리 자신이 갖고 있는 말의 힘에 대해 알고 있는 사람은 흔치 않다.

우리 삶의 경험을 그대로 비춰주는 말을 효과적으로 선택하면 강력한 감정을 불러일으킬 수 있다. 반대로 말을 잘못 선택하면 사람이 순식간에 황폐해진다.

예를 들어 "직장이 정말 싫다.", "공부를 해야 하는 게 정말 싫다." 등 당신이 "~가 정말 싫다.", "~가 정말 마음에 안 든다."라는 표현을 습관적으로 쓴다면 한번 생각해보자. 이 말이 "~가 더 좋은데."라고 말할 때에 배해 부정적인 감정을 더욱 부추기지 않은가?

또한 정서적 함의를 지닌 말을 사용하면 자신 혹은 다른 이들의 감정 상태를 마술처럼 변화시킬 수 있다. 예를 들면 '나무랄 데 없다.'와 '고결함'은 '잘했다.'와 '정직함'과 비교해 볼 때 어떠한가? 확실히 더 강렬한 느낌을 주지 않는가?

어휘력이 빈약한 사람들은 감정적으로도 빈곤한 삶을 살아간다. 반면 어휘력이 풍부한 이들은 다른 사람들뿐 아니라 자기 자신을 위해서도 자신의 경험을 채색할 다양한 물감이 가득한 팔레트를 가지고 있는 셈이다. 따라서 습관적으로 사용하는 말, 즉 삶의 감정을 묘사하기 위해 빈번히 사용하는 그 말들을 단순히 바꾸는 것만으로도 생각하는 방식, 느끼는 방식, 심지어는 살아가는 방식을 변화시킬 수 있는 것이다.

사고방식 또한 두 가지로 나눌 수 있다. 하나는 사물을 긍정적으로 보는 것이요, 다른 하나는 부정적으로 보는 것이다.

이 두 가지 사고방식 중 어느 견해를 취하느냐 하는 것은 개인의 사물 또는 인생을 보는 철학에 관련된 문제라고 볼 수 있다. 그러나 인생을 살아가거나 어떤 일을 할 때 두 가지 중 어떤 방식을 가지고 있느냐 하는 것은 인생의 성패 또는 사업의 성패에 심대한 영향을 줄 수 있다.

인생은 자기의 의사와 전혀 관계없이 얻게 되는 것인 관계로 철학에서는 던져진 존재라고 한다. 인생은 어쩔 수 없이 가지게 된 것이지만 인생을 긍정적으로 보고 열심히 살아가는 사람은 아름다운 생을 살아갈 수 있고 인생을 부정적으로 또 음울한 것으로 보는 사람은 대개 비참한 생을 살아가는 것이 일반적이다.

시너지 효과를 가져 오는 말을 하자

흔히 시너지를 말할 때 1+1〉2라는 부등식을 들고 나온다. 시너지, 즉 synergy는 syn=Together, ergy=Energy의 합성어다. 말하자면 모두 함께 해내는 힘, 즉 팀워크를 뜻하는 것이다.

조직생활은 누가 뭐라 해도 팀워크다. 마음이 맞는 이들이 각자의 능력을 한 데 모아 시너지를 낼 때 조직이 발전하고 그 구성원도 보람을 느끼는 것이다. 그래서 조직은 하모니라고들 한다. '나 하나쯤이야.' 하는 생각이 조직을 무기력하게 만들 수 있는 것이다. 구성원 모두가 목표를 향해 한 방향으로 정렬해 매진할 때 그 시너지가 내는 파워는 조직원 개개인이 가진 능력의 산술적인 합을 뛰어넘기 때문이다.

그렇다면 어떻게 하면 조직에서 무한의 시너지를 창출할 수 있을까?

무한의 시너지를 낚기 위한 스피치를 생각해 보자.

우선 널뛰기 선수가 되어야 한다. 널뛰기를 생각해 보자. 널뛰기에서 높이 오르려면 먼저 상대를 위해 힘차게 발돋움해 주어야 자신

또한 높이 오를 수 있다.

물론 상대를 높이 올려 줄수록 자신도 더 높이 오르게 마련이다. 따라서 상대방을 높여 주는 말, 찬사와 칭찬, 격려와 축복의 말이 필하다.

다음은 듣기 선수가 되어야 한다.

이 세상에는 남의 말을 듣는 것을 업으로 삼는 직업이 있다. 바로 정신과 의사이다. 정신과 의사는 일단 환자의 이야기를 많이 들어준다. 들으면서 환자의 상태를 파악하는 것이다.

주변을 가만히 돌아보자. 사람은 자신의 이야기를 잘 들어주는 사람에게 마음을 열고 고민도 털어놓는다. 따라서 잘 들어주는 사람이 되어야 한다. 이왕이면 상대의 마음까지 듣는 공감적 경청자가 되어 보자.

그리고 감정의 은행 계좌를 만들자.

사람은 저축 수단으로 은행 계좌를 갖고 있지만 대인 관계 수단으로는 감정은행이라는 무형의 은행을 갖고 있다고 한다.

은행 계좌는 개인의 능력에 따라 수십 개 정도지만 감정은행The Emotional Bank Account는 한 개인이 수천 개, 경우에 따라 수 만개의 계좌를 가질 수도 있다.

이 감정은행은 사용하기에 따라 천차만별이라고 한다. 부지런한 농부처럼 상대방의 가슴에 거름을 주고 가꾸어 갈 수 있는 말, 즉 마음을 따뜻하게 전하는 감정이 있는 말을 많이 사용하자.

스스로에게 힘

말은 마음의 일부를 표출시키는 것이다. 마음이 어두운 사람은 말도 당연히 어둡고, 마음이 옹졸한 사람은 말도 역시 옹졸할 수밖에 없다. 그러나 마음이 밝고 긍정적인 사람은 말 또한 밝고 긍정적일 수밖에 없다.

세상의 이치는 밝고 긍정적인 생각을 하면 모든 것이 낙관적으로 보인다. 반대로 우울하고 부정적인 생각만 하면 모든 것이 비관적으로 보인다.

다음의 예를 보자.

노란 나비와 흰 나비가 있었다. 그런데 참 이상한 것은 노란 나비에게는 늘 좋은 일만 일어나고 흰 나비에게는 늘 나쁜 일만 일어나는 것이다.

그래서 그런지 노란 나비는 늘 기뻐했고 흰 나비는 우울했다.

하루는 호랑나비가 훌륭한 봉사정신을 가졌다고 인정받아 나비들을 대표해서 표창장과 상금을 받았다.

노란 나비는 그런 훌륭한 나비가 자기의 친구라는 것이 자랑스러웠다. 그러나 흰 나비는 자기보다 못한 것 같은 호랑나비가 상을 받은 것이 왠지 마땅치 않았다.

며칠간 계속 비가 와서 모두 집에만 갇혀 지내던 나비들이 햇빛이 나기 시작하자 밖으로 몰려나왔다.

오랜만에 만난 그들은 서로 그간의 안부를 묻고 인사를 나누며 두

런두런 이야기를 나누었다. 흰 나비도 말했다.

'습기가 너무 차서 벽이 다 썩고 퀴퀴해서 못살겠어. 웬 비가 그리도 많이 내린담.'

노란 나비의 목소리도 들려왔다.

'이번 비에 비설거지도 하고 우리가 좋아하는 꽃들 좀 봐. 키가 날씬하게 커졌잖아.'

과연 노란 나비에게는 늘 좋은 일만 생기고 흰 나비에게는 나쁜 일만 생기는 것일까. 자기가 간직하고 있는 품성에 따라 늘 기쁠 수도 항상 우울할 수도 있는 것이다.

우리 대부분은 거의 한순간도 쉬지 않고 마음속으로 내면의 대화를 나누고 있다. 마음은 스스로에게 분주히 말을 걸면서 삶과 감정, 세계는 물론 우리 각자가 안고 있는 문제들과 타인들에 대해서 끊임없이 이야기를 나누고 있다.

마음속에서 흐르고 있는 말과 생각들이 매우 중요한 의미를 갖는 것도 바로 이 때문이다.

우리가 하는 생각의 대부분은 살아오는 동안 굳어진 낡은 사고방식들을 테이프 리코더처럼 그대로 재생시킨 것이나 마찬가지이다.

마음을 다스리는 일은 세상을 살아가는 방법을 개선하는 것과 같은 것으로 플러스 에너지를 생성할 수 있도록 긍정적이고 적극적인 마음을 만들기가 무엇보다 중요하다.

어느 어촌 마을에 있었던 일이다.

모든 남자들이 고기를 잡기 위하여 배를 타고 바다 멀리 나갔다.

얼마 후에 심한 폭풍이 일기 시작했다. 어느덧 해도 지고 저녁이 되었다. 그런데도 배들이 돌아오는 기색이 없었다. 그러니 집에서 기다리는 가족들이 얼마나 걱정을 했겠는가?

그때 설상가상으로 어느 집에서 불이 났고 동네 아낙네들이 열심히 물을 길어 불을 껐다. 그러고는 얼마 후에 심한 풍랑을 뚫고 모든 배들이 무사히 동네에 돌아왔다.

사연인즉 폭풍 속에 날씨까지 어두워 방향감각을 잃고 바다에서 사투하고 있을 때 저 멀리서 불빛이 보이더란 것이다. 그리하여 그 불빛을 향하여 폭풍을 뚫고 왔더니 드디어 마을에 무사히 도착하게 되었다는 것이다.

이것이 바로 전화위복인 것이다.

사람들은 흔히 나이가 많아서, 혹은 나이가 어려서, 몸이 약해서, 어려운 환경 때문에 못 하겠다는 소리를 한다.

주위의 사람들을 관심 있게 살피다 보면 어떤 사람은 하루 종일 불평과 부정적인 말을 하고 어떤 사람은 늘 긍정적인 말로 주위 사람들에게 용기를 주는 것을 발견할 수 있다.

12 삶을 디자인하는 말

일상생활에서의 작은 일들이 모여 인생이 된다.

평소의 작은 관심, 작은 배려가 세상을 따뜻하게 만든다. 이를테면 시간 약속을 잘 지키는 일, 반갑게 인사하는 일, 의자를 내주는 일, 고마움을 표시하는 일, 그리고 상대의 크고 작은 일에 관심을 가져주는 일, 상대의 마음을 헤아려 함께 감정을 나누는 일, 기쁘고 슬픈 일에 직접 만나 길흉화복을 나누는 일 등은 사람의 마음을 감동시키고 신뢰를 갖게 하며 사람을 따르게 하는 덕목(德目)이기도 하다.

한 번밖에 없는 인생, 늦기 전에 자신의 삶의 방식을 되돌아보자. 그리고 좀 더 너그럽고, 좀 더 여유롭고, 좀 더 행복한 삶이 되도록 노력하자.

사람을 기다려 줄 줄 아는 사람, 계산을 떠나 가끔 손해도 볼 줄 아는 사람, 상대의 잘못도 감싸 주고 슬픔을 함께 나눌 줄 아는, 따뜻한 마음을 가진 사람, 작은 것이든 큰 것이든 무엇이든 주려고 하는 사람, 대화할 때 지루하지 않고 흥미 있게 말하려는 사람, 비난과 힐책의 말보다 축복과 행복을 전하는 말을 하려는 사람, 모든 일에 자신감을 갖고 웃을 줄 아는 사람, 한 번 말한 것을 자주 번복하지 않는 사람, 계획성을 갖고 일에 임하는 사람, 선한 눈빛을 가진 사람…….

그래서 이 세상을 좀 더 따뜻하고 아름답게 만들어 가는 일에 일조하는 사람이 되자!

때론 아이처럼 유치해지자

3일 동안 굶은 호랑이가 있었다. 먹이를 찾아다니다가 드디어 토끼를 한 마리를 보고 단숨에 낚아챘다. 이때 토끼가 말했다.

"이것 놔, 새끼야!"

순간 어안이 벙벙해진 호랑이는 토끼를 놔주었다. 상상도 못 할 황당한 말에 호랑이는 큰 충격을 받았다.

다음 날, 충격에서 깨어나지 못한 채로 방황하던 호랑이, 드디어 토끼를 발견하고 역시 한 발로 낚아챘다. 그러자 토끼…….

"나야, 새끼야!"

바로 어제 그 토끼일 줄이야. 또다시 충격에 휩싸인 호랑이는 그 토끼를 놔주었다. 아니, 놓쳐버린 것이다. 그러나 다짐을 했다. 다시는 절대 놓치지 않겠다고 다짐한 호랑이…….

다음 날 또 토끼를 잡았다. 이번에는 그 토끼가 아니었다. 분명히 다른 토끼였다. 그러나 호랑이는 그 토끼가 한 말에 쇼크를 받고 그만 죽어 버렸다.

토끼가 한 말은 무엇이었을까.

"소문 다 났어. 새끼야!"

어린이들은 순수하다. 그래서 해맑은 말을 사용한다. 있는 그대로의 말, 얼마나 부담이 없는가? 그래서 아이들은 웃음이 많다. 그러나 어른들은 어떠한가? 머리를 굴린다. 이해 타산적이다. '내가 이 말을 하면 저쪽에서 어떻게 나올까?'라는 생각을 하며 말을 하니 얼마나 머리가 복잡하겠는가? 그러니 웃음도 없다.

좀 더 아이다워지자. 그러면 인생이 즐거워지고 윤택해진다.

표현하지 않는 사랑은 사랑이 아니다

선생님이 아이들을 모아 놓고 예절교육을 시켰다.

"여러분 지하철에서 옆 사람 발을 밟았을 때 뭐라고 해야 하죠? '다' 자로 끝나는 다섯 글자입니다."

"저요! 저요!"

"그래요, 맹구 대답해 봐요."

"네, '이걸 어쩐다.'입니다.

우리는 살아가면서 '미안합니다!'란 표현을 왜 못 하는 것일까? 남편이 퇴근하면 아내들은 "여보! 별일 없었어요?"라고 물어본다. 이때 눈치 없는 남편들은 "아니, 없었는데……."라며 어리둥절해한다.

사실은 아내가 물어본 의도는 '여보! 이야기 좀 합시다.'는 초대의 말이었는데 남편들은 마치 무슨 정보를 캐묻는 냥 착각하고 만다.

아내들의 관심은 남편의 사랑을 확인하고 미주알고주알 말 좀 하자는 것인데 남편들은 결론적인 말만을 하려 한다.

사실 대화란 것이 거창한 것이 아니다. 미주알고주알 늘어놓는 살림 이야기나 직장에서의 해프닝도 서로를 이해하는 기초가 되는 것이다.

남편들은 아내가 무슨 말만 할라치면 다음과 같이 말한다.

"결론이 뭔데? 결론만 말해봐."

그러나 아내들은 어디 그런가? 오순도순 다정하게 시시콜콜한 이야기를 정답게 나누기를 원하고 있다.

아내들은 어떻게 결론만 애기하라고 하는지 이해가 가지 않는다. 이야기는 결론이 아니라 과정이지 않은가?

결론만 말하라고 닦달하는 남자치고 가정적인 남편은 없다.

남편들이여, 밖에서 무슨 일이 있었던지 집에 들어가면 자상해지자.

'표현하지 않는 것은 사랑이 아니다.'란 말을 실천에 옮기는 일이 가정에 화기를 돌게 하는 지름길이다.

"당신, 아직도 너무 매력적이야."
"여보, 당신은 나의 행복이오."
"자기, 자기는 나의 기쁨이에요!"

아마 살아가면서 이혼을 생각해 보지 않은 부부는 없을 것이다.

그런데 싸우는 부부보다 대화가 없는 부부가 더 무섭다고 한다. 이혼 경험자들은 이혼의 첫 징후로 '대화 기피'를 많이 지적하고 있다.

무작정 덮어둔다고 서로의 마음이 바뀌지는 않기 때문이다. 오히려 싸움을 회피할수록 서로의 불만은 쌓이게 되는 것이고 결국엔 걷잡을 수 없는 결과를 가져오게 된다. 싸워야 할 때는 싸우고 넘어가는 것도 결혼 생활을 지속시키는 데 도움이 되는 것이다.

사랑은 표현하지 않으면 사랑이 아니라는 말이 있다. 사랑은 표현되어질 때 아름답게 피어나는 것이다.

특히 동양인들은 사랑과 애정의 감정 표현이 서툴다. 직접적인 표현보다는 우회하거나 은유적으로 표현하는 경우이거나 아예 입 밖에 꺼내지 않는 경우가 많다.

"사랑해요! 당신에게 감사해요! 미안해요."

이와 같은 말로 사랑과 감사하는 말을 솔직하게 표현할 수 있어야 한다.

자신의 희로애락뿐만 아니라 주장이나 감정까지도 표현하는 훈련이 필요하다.

13
외교관처럼 대화하자

보통 사람들이 관계에 어려움을 겪는 이유는 '나쁜 관계'에 집중하기 때문이다. 오히려 현재 관계를 유지하고 있는 이들과는 어떤 태도로 임했는지 되돌아보면 얽힌 관계가 의외로 쉽게 풀린다. 친분이 두텁게 유지되고 있는 사람과는 매우 긴 시간을 보냈고, 서로 말을 조심하며 단정적인 말을 삼갔으며, 항상 '다시 볼 사람'이라는 의식을 잃지 않았다.

상대와의 우호관계를 유지하는 데는 외교관만한 직업도 없다. 그런 점에서 외교관의 태도와 언어 사용법을 살펴볼 필요가 있다.

비밀을 지키자

흔히 정상 혹은 외교관 간 회담이 있은 후, 양측이 회담 결과를 발표하는 것을 보면 국민들은 답답한 심경에 빠질 때가 있다. 그들이 말하는 '성과'라는 것이 정말 있기는 한 건지, 모호하기만 하기 때문이다.

그러나 감추는 것이 없다면 외교가 아니다. 언론을 상대할 때뿐만 아니라 두 나라 사이에서도 무언가 숨기는 것이 없다면 외교는 시작도 못 하고 끝나 벌릴 것이다. 일상적인 관계에서도 '모든 것을 다 말하지 않는' 태도는 반드시 필요한 미덕이다.

A와 친한 친구 B에 대해서 C가 뒷말을 했다고 하자. 이에 대해 A가 B에게 "C는 참 이상한 사람이야. 너에 대해 뭘 안다고 그렇게 말하는지 몰라. 그렇지?"라며 마치 자신은 B의 편인 듯 말했어도 이미 B의 마음은 상할 대로 상했을 것이다. 만약 B가 "그런 일이 있었어? 말해줘서 고마워."라고 말했다면 B야말로 "숨김"의 중요성을 아는 사람이다. 그런 사실이 있는 줄 몰랐다면 신경 쓰지 않고 지냈을 것을 그는 자신을 나쁘게 말한 C보다도 그 말을 전달한 A에게 더욱 화가 나는 것이 솔직한 심정일 것이다.

그뿐만이 아니라 어설프게 알고 있는 상태에서 마치 다 알고 있는 듯 확실치 않은 사실을 유포한다거나 넘겨짚어 앞질러 말하는 것이야말로 스스로 무덤을 파는 행위가 되고 만다.

단정적으로 표현하지 말자

외교에서 잊어버려야 할 단어는 최종이다. 또한 절대 잊지 말아야 할 단어는 '여지'다. 한 번 선택한 방안도 언제나 변경될 수 있음을 숙지하고 상대에게도 이를 암시해두어야 한다.

일반적인 관계에서도 가장 자주 '최종'을 생각하게 되는 경우는 바로 남녀관계다. 물론 남녀관계에서 '유지'가 능사는 아니다. 서로에게 피해를 준다면 헤어지는 것이 가장 좋은 해결책일 수도 있으니까.

그러나 서로 사랑하고 인간적인 면에도 흠이 없을 때 둘 사이를 갈라놓을 수 있는 요소 중 하나는 수시로 '끝'을 언급하는 태도다. 헤어질 수도 있다는 생각은 경솔한 행동을 부르기 때문이다. 마음에 없었더라도 작은 다툼 끝에 "그렇게 내가 싫으면 헤어지면 되잖아!"라고 내뱉는 순간, 이미 둘 사이의 애정은 반으로 줄어들 것이다.

말을 골라 써야 한다

인도의 외교관은 '외교 언어에는 항상 코드가 숨어 있다.'고 말했다. 예를 들어 타국의 사태에 논평을 하는 표현들은 '우려' < '유감' < '개탄' < '항의'의 순서대로 높은 강도를 품고 있다.

어떤 단어를 썼느냐에 따라 상대의 반응은 전혀 달라진다.

일상적인 관계에서, 이처럼 단어 하나하나의 뜻을 해석하고 유의해서 사용해야 하는 경우는 바로 비즈니스다. 비즈니스는 외교와 가장 닮은 인간관계다. 협상 테이블에서 오가는 단어에서부터 계약서 등 문서상으로 옮겨지는 수많은 표현에 이르기까지 비즈니스에서 사용되는 단어는 단 몇 글자만으로 나와 상대의 손익을 대변한다.

그야말로 '모르는 만큼 당하는 것이다.' 외교와 비즈니스 이 두 관계의 언어 사용에서 가장 필요한 것은 신중한 검토다. 문장 하나하나를 완벽히 이해하는 과정은 마치 외국어를 번역하는 일과도 같으므로 신중함은 두 관계의 흥망을 좌우하는 열쇠와도 같다.

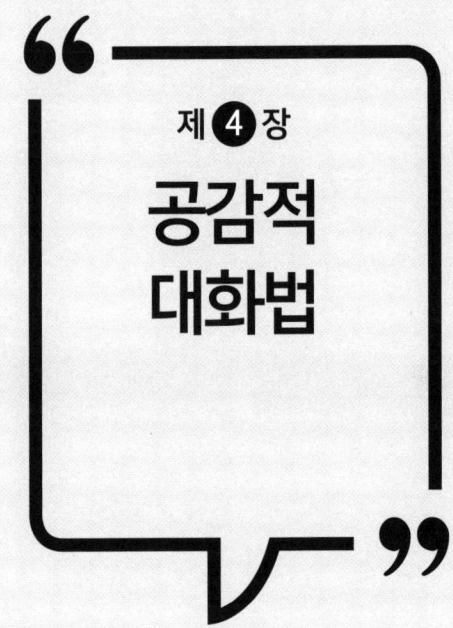

제4장 공감적 대화법

- 반영하기(Mirroring)
- 인정하기(Validation)
- 공감하기(Empathy)

1 공감 훈련

1단계 – 반영하기

　상대방의 메시지를 정확하게 그대로 반영하는 과정이다. 말한 사람이 말한 내용(단어, 표현)을 그대로 반복하는 것이다. 먼저 분명하고 간단한 메시지를 전달하고, 거기에 대해 상대방이 말하려는 의도를 아주 조심해서 잘 듣고 그리고 상대방에게 정확하게 다시 반복해서 말해준다. 이 훈련은 전달자가 자신이 말하려는 내용과 생각과 감정, 느낌 등이 정확히 받는 사람에게 전달되어지고 받아졌다고 확신될 때까지 계속된다. 받는 사람Receiver은 전달자가 '그렇다.'라고 할 때까지 인내심을 갖고 세심히 잘 듣고 그대로 반복해주는 연습을 계속한다.

2단계 – 인정하기

　자신의 관점이 아닌 상대방의 눈으로, 마치 상대방의 신발을 신어보듯이, 입장을 바꿔서 바라보는 것이다.
　상대방의 입장과 관점에서 바라본다는 것이 나를 포기하는 것을 의미하지 않는다. 상대방의 말에 동의하거나 반대할 필요도 없다. 다만 그저 상대방의 입장에서 그 사람을 이해할 수 있으면 되는 것이다. 그러나 그런 말이 나오지 않을 경우엔 "제가 당신 말을 좀 더 잘 이해할 수 있도록 좀 더 자세히 설명해 주시겠어요?"라고 요청해야 한다. 그리고 "제가 당신의 말(입장)을 잘 이해했나요?"라고 확인해야 한다.

말하는 사람이 "네, 이해했어요. 맞아요. 그게 바로 내가 하고 싶은 말이에요."라고 말했을 때 비로소 인정하기에 성공한 것이다.

3단계 – 공감하기

사람의 감정을 실제로 느끼고, 경험하는 것이다. 동시에 깊은 단계의 대화 즉, 가슴과 가슴의 대화 Heart-to-Heart communication이며 또한 나와 너의 깊은 만남이 이루어지는 상호 간의 깊은 관계를 맺어주는 단계이다.

"당신의 말이 가슴에 와 닿아요. 그 말을 들으니 당신이 얼마나 가슴이 아팠을까? 라고 상상하니 내 마음도 몹시 아파요."

이 단계까지 도달하게 될 때 거기에 치유가 일어난다. 이 단계를 "상대방의 가슴에 들어가 앉았다."라고 말하기도 하고, 서로가 "치유의 통로가 되었다."라고도 말한다. 이렇게 서로의 깊은 마음을 알아주게 될 때 두 사람은 깊은 참 만남을 경험하게 된다.

2 공감 표현 방법 3가지

　공감의 품에 안길 때 고통은 자연스럽게 치유되는 것이다. 공감능력을 키우는 방법으로는 상대방의 입장에서 그의 관점과 동기 혹은 욕구를 이해해보는 훈련을 하는 것이다.

　혼자서 역할 놀이를 해보는 것도 좋은 방법 중의 하나이다. 상대방의 역할을 직접 해봄으로써 상대방이 느끼는 감정을 조금씩 느낄 수 있게 되어 공감능력이 점차 회복되는 것이다. 또한 TV에서나 실생활에서 기쁨과 슬픔 등의 장면을 대할 때 그냥 지나치지 않고 그 감정에 오래 머무르며 그 감정을 느끼는 연습을 하다 보면 감정이 조금씩 살아나게 된다.

　상대방이 말을 할 때 '예, 그렇군요.', '그러시겠어요.', '그런 어려움이 있었군요.' 등의 공감적 의사소통을 하는 것도 공감능력을 키우는 데 큰 도움이 된다. 마음이 변화될 때 행동이 바뀌기도 하지만 말 등의 행동이 변할 때 마음이 바뀌기도 하기 때문이다.

첫째, 페이싱 Pacing

페이싱은 페이스, 보조를 맞추는 것처럼 상대방 말에 보조를 맞추며 대화하는 것이다. 상대가 "오늘 날씨 아주 안 좋네." 하면 "그러게, 날씨가 왜 이러냐. 바람도 불고 꾸물꾸물하네." 이렇게 맞춰주는 것이다.

"오늘 날씨 아주 안 좋네." 했을 때 "무슨 날씨 타령이야. 바빠 죽겠는데."라고 찬물을 끼얹으면 페이싱을 제대로 못 한 것이다.

둘째, 미러링 mirroring

동작이나 말의 속도 등을 상대방하고 같이 맞춰주면서 공감해주는 것이다.

상대가 고개를 숙이면 나도 숙이고, 팔짱을 끼면 비슷하게 팔짱을 끼고, 천천히 말하면 천천히 받아주는 것으로써 상대의 심리를 편하게 해주는 것이다.

셋째, 백트래킹 backtracking

백트래킹은 한 박자 늦게 상대 얘기를 따라 해주는 것이다.
예를 들면 이렇다.
"오늘 출근길에 말이야."
"음, 출근길에."
"글쎄, 지하철에서."
"음, 지하철에서."

"중학생쯤 되는 학생이 mP3를 어찌나 크게 틀었던지……."

"MP3를?"

이런 식으로 계속 상대의 얘기를 다시 한번 되새기면서 듣게 되면 상대는 적극적인 공감을 받은 느낌이다.

보통 덜 친한 사람들 얘기는 사실 잘 듣게 되고 지지도 잘해주는데, 유독 가까운 사람의 얘기는 흘려듣게 되거나, 꼭 한마디 판단이나 해결의 얘기를 하게 되는 게 문제다. 가까운 사람에게 가장 필요한 것은 '무한 지지'다. 상대의 토로를 들을 때는 해결이 아닌 공감의 대화를 해야 한다.

③ 화낼 일조차 긍정적으로 풀 수 있다

앨버트 엘리스 학자는 '당신을 화나게 하는 것은 과거나 현재의 상처 때문이 아니라, 그것을 인식하는 당신의 시각이 그렇게 만든다.'라고 말했다.

화를 내면 아이큐가 높은 사람도 현저히 그 수치가 낮아진다는 연구도 있기에 그만큼 분노는 일시적으로 사람의 이성을 잃게 하고 순간 판단력을 흐려 충동적 행동도 서슴지 않게 만든다.

인지주의 심리학자들은 화와 관련해 어떤 일이 발생했을 때, 그 일이 다음에 제시된 몇 가지 유형 중 어디에 해당하는지를 먼저 살펴본 후에 분석, 평가한다고 하였다. 사람들은 왜 화를 내는가를 알아본다.

첫째, 달갑지 않은 상황이 화를 유발한다.

모든 사람들은 자신이 원하는 것을 얻어내고 싶어 하고 존중받기를 바라고 있다. 그런데 생각처럼 쉽지가 않고 분노는 바로 그 좌절감에서 비롯된다.

둘째, 어떤 일이 의도적으로 발생한 것처럼 보일 때 화가 난다.

상대방의 어떤 행위가 실수인지, 의도적인지에 따라 생각하는지에 따라 반응은 달라진다. 그러나 의도적, 비의도적 행위에 의해 결정되기보다는 보다 세세한 느낌에 더 민감하게 반응하는 것이 일반적이다.

셋째, 어떤 일이 자신의 가치 체계와 부딪힐 때 화가 난다. 누구나 가치 체계나 자기 기준을 갖고 있기 때문에 이러한 자기 기준에 반하는 상황이 화를 내게 한다.

넷째, 화를 내면 통제 가능하거나 피할 수 있다고 판단될 때 화를 표출한다.

심리학자에 따르면 '복종'과 위협'의 조정기능이 진화과정에서 선택되었다고 한다. 결국 화를 내는 것은 마음의 구조이며 화는 자신에게서 비롯되는 일이기도 하고, 사람과의 관계에서 발생하는 일이기도 하다.

화라는 것은 인류가 추구하는 행복을 파괴하는 부정적 감정인 것이다. 화가 나면 분노를 자극하는 정보들을 끌어 모아 자신을 중심으로 이야기를 완성시키려고 한다. 순식간에 완성된 그 정보를 바탕으로 자기합리화를 한 그 감정에 그 정보를 바탕으로 자기합리화를 한 그 감정에 에너지를 실어 표출하게 된다.

스트레스, 분노, 욕망의 모든 단어는 개인의 상태를 흩뜨리는 근원이라는 사실도 알 것이다. 그러므로 스트레스, 분노, 욕망, 방황의 본질을 깨닫고 마음을 다스려 좋은 감정을 내뿜고 상황, 장소, 분위기를 환기시킬 수 있어야 한다.

그럼 화가 날 땐 어떡할까?
화가 날 땐 어떻게 해결해야 되는가? 화를 참을 수도 없고, 그렇다고 화를 낼 수도 없고, 흥분하지 않고 지혜롭게 행동하여 화를 다스릴 수 있는 방법이 없을까.

화가 나면 온몸에 바짝 힘이 들어간다. 누구한테 한바탕 퍼붓고 싶다. 세상이 나를 가만 내버려 뒀으면 좋겠다. 손이 부들부들 떨리기 시작한다. 심장이 막 쿵쾅거리는 것 같다. 그렇게 화를 참았다가 한 번에 뻥 하고 터트리는 우리들이다.

언제부터인가 화가 나면 눈물부터 보이는 아이들도 있다. 이렇게 화가 나 있는 상태가 되면 어떻게 해야 할까?

내가 느끼는 화는 내 책임이다. 너무너무 화가 났을 때 화를 잠재울 수 있는 방법으로는 몸을 움직인다거나 손을 이용해서 뭔가를 한다, 그냥 밖으로 흘려보낸다, 마음을 다독이는 '똑똑한 충고'를 한다, 태도를 바꿔본다 등 그 외에 흔히 많이 들어왔던 심호흡이다.

그 밖에 화가 났을 때는 목소리를 낮추고 부드럽게, 천천히 꼭 필요한 말만 하는 것도 방법이다.

마음이 불안하고 초조할 때는 아무래도 말이 빨라진다. 따라서 천천히 편안하게 말하되 처음부터 결론을 말하는 것이다.

결론을 처음에 말하는 사람은 대부분 상대방의 기분을 고려하는 사람일 가능성이 크다. 곧바로 결론을 말하지 말고 에둘러 가면 상대방이 어정쩡한 상태로 기다려야 한다는 것을 너무나 잘 알기 때문에 곧장 결론을 말함으로써 상대방을 배려해 준다.

항상 상대방이 어떤 것에 대해 듣고 싶어 하는지, 그 자리에서 무엇을 어떻게 말해야 하는지, 조금이라도 빨리 알기 쉽게 의견을 전하기 위해 노력해야 한다.

평소 '이렇게 하고 싶다.', '저것은 하고 싶지 않다.'와 같은 호불호나 주관이 뚜렷한 사람은 어렵지 않게 결론부터 말할 수 있다. 매사 자기 생각을 가지고 있기 때문이다.

뚜렷한 자기 생각이 있는가? 그렇다면 약간의 거리낌만 이겨 내면 된다. 약간 무리를 해서라도 여러 번 발언을 하고, 곧바로 결론부터 대답하는 연습을 한다면 금세 익숙해질 수 있다.

④ 긍정화법 따라 하기

• **1단계 : 인정하기(Admit)**

어느 날 해와 달이 말씨름을 하고 있었다. 해가 말했다.

"나뭇잎은 초록색이야."

달이 말했다.

"아니야, 나뭇잎은 은색이야."

달이 또 말했다.

"사람들은 언제나 잠만 자더라."

그러자 해가 반박했다.

"아니야, 사람들은 언제나 바쁘게 움직여."

달이 말했다.

"그럼 왜 땅이 그리 조용해?"

해가 다시 말했다.

"내가 보기엔 언제나 시끄럽던데 뭐가 조용해?"

그때 바람이 나타나 딱하다는 듯이 말했다.

"나는 하늘에 달이 떠 있을 때나 해가 떠 있을 때나 세상을 다녀봐서 잘 알아. 해가 세상을 비추는 낮에는 해가 말한 대로 세상은 시끄럽고, 사람들도 모두 움직이고 나뭇잎은 초록색이야. 그러나 달이 세상을 비추는 밤이 오면, 온 땅이 고요해지며 사람들은 잠을 자고 나뭇잎은 은색으로 보인단다."

우린 간혹 친구와 충돌할 때가 있다. 처음에는 가벼운 말다툼으로 시작해 크게 번지기도 하는데, 이러한 싸움의 원인은 의외로 아주 사소한 의견 차이에서 비롯되는 경우가 많다.

사람이기에 각자 다른 생각을 품을 수 있는데도 그것을 서로 이해하지 못하고 자신의 생각을 우선으로 하고 상대의 말을 무시하기 때문에 마음의 골이 깊어지기도 한다. 그러나 해와 달이 본 세상이 둘 다 틀리지 않은 것처럼 우리는 각자의 눈으로 세상을 보고 있다는 것을 인정해야 한다.

각자의 의견은 틀린 것이 아니다. 상대의 말을 존중해 주고 수용하려는 자세가 없다면 싸움은 커지고 만다. 당신의 이야기는 틀리지 않다. 당신의 의견이 옳다. 그러나 다른 친구의 생각도 옳은 것이다. 서로 한 발짝만 물러선다면 그리고 상대방의 이야기에 귀를 기울인다면 분쟁은 생기지 않을 것이다.

어떤 상황이나 사실 혹은 주장을 그대로 인정해 주기이다.

"그렇군요. 힘드셨겠네요……."

별일 아닌 것 같지만 다른 사람의 감정을 인정하고 존중하는 것이 잘 안 돼서 마음이 상하고 화가 나고 답답한 경우가 많다. 다른 사람의 돈이나 지위, 명예를 인정하고 존중하는 것은 쉽게 하면서도 말이다.

감정을 잘 못 느끼는 사람이어서 그럴 수도 있고, 감정은 나약한 것, 쓸데없는 것이라고 배우며 살아와서 그럴 수도 있고, 더 높은 지위와 더 많은 돈을 갖기 위해 감정을 느끼지 않으려고 노력하며 살아와서일 수도 있고, 내 욕심 채우기 바빠서 주변 사람들이 무얼 느끼는지는 무시하며 살아와서일 수도 있을 것이다.

내가 기쁠 때 누군가 함께 기뻐해 주면 나의 기쁨이 더 커지는 것이고 내가 슬플 때 누군가 함께 슬퍼해 주면 나의 슬픔이 더 작아지는 것이다.

우리의 삶을 튼튼하게 지지하는 것도, 순식간에 뒤흔들어 버리는 것도 모두 감정의 문제다. 관계에서 감정이 맺히면 괴롭고, 감정이 풀리고 통하면 편안하고 행복해진다. 감정의 맺힘이 반복·지속되면 응어리가 된다.

정신적 응어리가 신체적 증상으로 드러난다는 것은 한의학과 전통의학에서는 기본적인 병증의 이해방식이었다. 이제는 현대의학에서도 수용한다.

모호하고 해결되지 않는 모든 신체 부위의 질환에 다 갖다가 붙이는 '심인성心因性', '스트레스성'이라는 진단명들이 바로 그것이다. 그래서 오히려 정서적 요인을 더 중요하게 여기는 연구와 그에 기반을 둔 클리닉과 테라피들이 잇따라 개발되고 있다.

인간에게 이성보다 감정이 더 중요한 요인으로 작동할 수밖에 없는 것은 인류의 진화에 따른 뇌의 형성과정과 신경과학이 밝혀낸 뇌의 인식작용의 절차를 살펴보아도 분명해지는 사실이다.

호모 사피엔스Homo sapiens의 뇌(전전두엽의 발달과 FOXP2 유전자의 변이)는 20만 년이 채 안 되었지만, 포유동물로 살아온 감정의 뇌(변연계)는 무려 2억 년 이상을 작동하며 우리의 생존을 도왔다. 지금도 역시 결정적 영향을 미치고 있다.

인간은 스스로 이성의 동물이라 자부하지만 실은 여전히 감정의 동물인 것이다. 그 위에 다만 한 겹의 이성이 겨우 작동하고 있을 뿐이다. 이것을 분명히 알게 되면 인간을 더욱 관대하게 이해하고 수용할 수 있게 된다.

감정 알아주기(감정 읽기 / Reading Emotion)

자애와 공감, 이것이 관계의 핵심이다. 가장 밑바탕에는 자기 근본에 대한 믿음 그리고 마음은 통하게 되어 있다는, 둘이 아닌 믿음이 있어야 한다. 우선 내 감정이 건강하고 튼튼해야 하기 때문이다.

그 위에 실천적 행위로 인욕忍辱과 하심下心 그리고 애어愛語이다. 내 감정을 조절하고, 상대에게 나를 맞춰주고, 부드럽고 따뜻하게 표현하는 것이다. 여기에 틈새를 메우고 물꼬를 여는 양념 하나 더 보탠다.

부드럽게 말하려 해도 그것이 너무 서툰 이들이 있다. 부드럽게 말하고 싶은데 그게 잘 안 되는 이들 말이다.

이 땅의 중년 남성들은 부드럽게 말하는 법을 배워본 적이 없다. 특히 그들에게 권하고 싶은 대화방법이 있다. 단순하지만 효과적인 스킬이 있다.

바로 감정 알아주기(감정 읽기 / Reading Emotion)이다.

아이의 감정에, 아내의 감정에, 남편의 감정에 즉각 내 감정으로써 대응하지 않고 그들의 감정을 알아차려서 말로 표현해 주는 것이다.

- 2단계 : 가정법 쓰기(If······.)

아인슈타인의 유년시절은 그리 평범하지 않았다.

20세기 최고의 천재라고 불리는 아인슈타인도 수학과 물리에서 뛰어난 면모를 보이긴 했지만 라틴어, 지리, 역사 같은 과목에서는 낙제를 받았다고 한다. 대학 입학시험에도 떨어졌다고 하니 우리가 생각했던 천재 물리학자의 유년시절과 가깝지 않다.

그는 우리에게 '지식보다 상상력'이 더 위대하다고 말한다. 그의 상상력은 남들보다 뛰어났고 그것을 끊임없이 연구했으며, 실패를 교훈으로 삼아 자신만의 길을 꿋꿋이 걸어갔다. 그 결과 천재 물리학자 상대성이론의 아인슈타인으로 기억될 수 있는 것이다.

이처럼 상상력은 중요하다. 그 상상력은 아마도 '만약에'라는 질문이나 가정법으로부터 시작한다. '만약에?'라고 질문하는 것은, 상상력을 발동시키는 매우 효과적인 방법이면서도 쉬운 방법이다.

마술사가 된 것처럼 행동하자. 우리의 생각은 마술과 매우 닮아 있다.

'만약에 인간이 천 년을 살 수 있다면?'

그리고 새로운 발상에 대해 판단할 때, 우선 그 생각에서 긍정적이고 흥미로운 점과 잠재적인 유용성에 중점을 두자. 그리고 스스로에게 '이것이 어떤 기능을 할 수 있을까?'라고 질문해보자.

'만약에…….'라는 가정법은 극한적 상황에서도 희망적 상황으로, 부정적인 관점에서 긍정적 관점으로 전환이 용이하다.

- **3단계 : 창의적으로 표현하기**(Innovation : 곡선적, 양면적, 역설적, 관조적)

창의적인 생각과 표현을 위한 조언으로 다음과 같은 것들이 있다.

- ⊙ 말하고자 하는 것을 분명히 하자.
- ⊙ 열린 마음으로 사물을 보자.
- ⊙ 혼자의 힘으로 벅찰 때에는 다른 사람의 도움을 구하자.
- ⊙ 다양한 각도에서 바라보자.
- ⊙ 고정관념을 버리자.

창의적으로 표현하는 방법으로는 '비유하여서 표현'하고, '우화로 돌려 표현하는 방법' 등이 있다.

- ⊙ 곡선적 : 돌려서 말한다.

  "오죽했으면 줄행랑을 쳤겠수……."

- ⊙ 양면적 : 행복과 불행은 함께 공존하는 것이다.

  "인생은 새옹지마인 것 아시죠? 여명이 지나면 새벽이 오는 법이지요……."

- ⊙ 역설적 : 넘어지지 않았다면 죽었을 것이다.

  "실패했으니 새로 시작할 수 있었던 게지요."

- ⊙ 관조적 : 나무를 보지 말고 숲을 보는 담대함.

  고요한 마음으로 사물이나 현상을 관찰하여 비춰 보거나 현실에 대해 제3자의 입장에서 무관심하게 보기, 내 안에 있는 나에게 위로나 격려의 말하기.

- **4단계 : 반전(Reversal_Howbeit-With-Wish : 그럼에도 불구하고, 함께, 바람)**

'막간'이라는 말이 있다. 말 그대로 막과 막 사이의 짧은 시간을 의미하는데, 요즘은 화장실 다녀올 정도의 시간을 의미하는 것이니 대략 5~10분 정도가 아닐까?

과거, 15세기에는 막간이라고 하면 가벼운 여흥을 즐길 수 있는 시간이었다고 하니 오늘날보다 훨씬 여유가 느껴진다. 이렇게 연극이나 오페라에서 막과 막 사이에 펼쳐지는 '막간극' 또는 '간주곡'을 가리켜 '인테르메초'라고 한다.

옛날(15세기)에는 오페라가 무척 길고 지루했다고 한다. 대부분 고대 그리스의 비극이나 역사 속 영웅들의 무용담과 사랑 이야기를 이

탈리아어 노래로 옮겨 담아 그럴듯하게 펼쳐 보이는 레퍼토리였다.

　여기에다 발레 같은 여러 가지 볼거리를 집어넣다 보니 오페라는 한도 끝도 없이 길어졌고, 가뜩이나 뻔한 이야기인데 흐름도 늘어지기만 했다. 그러니 사람들도 점점 지루해할 수밖에 없었을 것이다.

　특히 이제 막 오페라 극장을 방문하기 시작한 중산층과 시민계급에게는 신화나 역사 이야기, 더군다나 이탈리아어라니! 정말 따분하고 생소한 것들이었다. 그래서 생각해낸 것이 바로 '인테르메초' 즉 막과 막 사이에 '막간극'이나 '간주곡'을 넣자는 것이었다.

　이 막간극(인테르메초)은 오페라와는 달리 그 시대 보통 사람들이 주인공이었고, 그들의 일상에서 벌어지는 소박하고 통속적인 이야기를 빠른 템포로 익살스럽게 풀어나갔다.

　이런 인테르메초의 사소한 재미에 본말이 전도되는 일이 발생하였으니 바로 막간극의 인기가 본극을 역전해 버린 것이다.

　"아가야, 뒤집어!"

　생후 4~5개월 된 젖먹이에게 온 가족이 박수를 치면서 성원을 보낸다. 그 아이는 젖 먹는 힘을 다해서 배 뒤집기에 성공한다. 그때는 온 가족이 환호한다.

　우리 일상생활에 예상을 뒤집고 반전하는 것을 모두가 선호한다. 천하장사씨름판에서도 막판뒤집기에 관중이 열광한다.

　사람이 살아가면서 수많은 기회를 포착해 반전함은 자신뿐만 아니라 주변 모두를 열광시킨다. 삶에도 반전이 있어야 생기가 돈다. 반복되는 일상 반전이 필요하다. 반전이란 일상으로부터의 탈출을 의미한다. 생활공간에서의 일탈을 의미하기도 한다. 가까운 곳으로 피크닉, 친구들과의 치킨과 맥주 파티…….

조촐한 반전이 가져다주는 소소한 행복이 소중한 것처럼 말에도 반전이 있을 때 호기심 유발과 기대감 등으로 재미를 주게 된다. 말에도 역시 반전이 있어야 귀를 기울인다.

5 뒤집으면 모두가 감사

독일의 재무부 장관을 지낸 바덴이라는 사람이 있었다.

이 사람은 모든 일을 긍정적으로 보고 매사에 늘 감사하는 마음으로 임하여 국가를 위해서도 크게 공헌한 사람이다. 그런 그가 어떻게 그런 삶을 살게 되었는지 아주 특별한 계기가 있었다고 한다.

그가 젊은 시절, 고생을 많이 하고 있을 때였다. 한번은 어느 지방에 여행을 갔다가 돈이 없어서 싸구려 여관에서 하룻밤을 묵게 되었다. 그러나 다음 날 일어나 보니 구두가 없어졌다. 밤새 도둑을 맞은 것이다.

여행 중에 구두를 잃어버렸으니 다시 사야 하고, 다시 사려고 보니 사러 나갈 신발도 없는 것이다. 그는 너무 화가 나서 중얼거렸다.

"하느님도 무심하시지. 나같이 가난한 사람의 신발을 다 훔쳐가게 하다니……."

마침 그날은 주일이었는데 여관 주인이 창고에서 헌 신발을 꺼내주면서 같이 교회나 가자고 했다. 그리하여 그는 마지못해 교회에 끌려갔다.

그러나 남들은 다 찬송하고 기도하는데 그는 전혀 그러고 싶은 마음이 아니었다. 신발을 도둑맞은 것 때문에 계속 화가 풀리지 않았던 것이다. 그러다 바로 옆에 앉아 있는 사람을 보니 눈물을 흘리며 간절한 기도를 하고 있는 것이 아닌가?

그런데 자세히 보니 그 사람이 두 다리가 없는 사람이었다. 그 자리에서 바텐은 바로 큰 충격을 받고 말았다. 그리고 자기 자신을 다시 돌아보았다.

'저 사람은 신발을 잃어버린 정도가 아니라 두 다리를 전부 잃어버렸으니 신발이 있어도 신을 수 없겠구나. 그에 비하면 나는 신발만 잃어버렸으니, 신발이야 없으면 사서 또 신으면 될 것을 괜스레 남을 저주하고 하느님까지 원망하였구나.'

이후 바텐은 자신에게 없는 것보다 있는 것이 더 많다는 사실을 깨닫게 되었고 그때부터는 남을 원망하지 않고 매사에 긍정적이고 적극적으로 살아가는 사람이 되어 모든 일들이 다 잘 풀렸고 이윽고 독일의 재무장관까지 지내게 되었다.

다음과 같이 뒤집어 생각해보자.

- 10대 자녀가 반항을 하면 그건 아이가 거리에서 방황하지 않고 집에 잘 있다는 것이다.
- 지불해야 할 세금이 있다면 그건 나에게 직장이 있다는 것이다.
- 파티를 하고 나서 치워야 할 게 너무 많다면 그건 친구들과 즐

거운 시간을 보냈다는 것이다.
- 옷이 몸에 조금 낀다면 그건 잘 먹고 잘살고 있다는 것이다.
- 깎아야 할 잔디, 닦아야 할 유리창, 고쳐야 할 하수구가 있다면 그건 나에게 집이 있다는 것이다.
- 주차장 맨 끝 먼 곳에 겨우 자리가 하나 있다면 그건 내가 걸을 수 있는데다 차도 있다는 것이다.
- 난방비가 너무 많이 나왔다면 그건 내가 따뜻하게 살고 있다는 것이다.
- 세탁하고 다림질해야 할 일이 산더미라면 그건 나에게 입을 옷이 많다는 것이다.
- 온몸이 뻐근하고 피로하다면 그건 내가 열심히 일했다는 것이다.
- 이른 새벽 시끄러운 자명종 소리에 깼다면 그건 내가 살아 있다는 것이다.

이 세상 도대체 감사하지 않은 일이 어디 있겠는가?

6
공격당하면 웃어주자

버나드 쇼의 극본 '무기와 인간'이 처음 공연되었을 때의 일이다.

관중들은 쇼가 무대에 등장하자 열렬한 박수로 그를 맞이했다. 그가 고개 숙여 감사 인사를 하려는 찰나 한 관중이 소리쳤다.

"쇼, 당신의 극본은 누가 봐도 형편없어. 그만 공연을 중지하라고!"

그러자 극장은 일순 잠잠해졌다. 쇼가 어떻게 반응할 것인가? 쇼는 눈을 크게 뜨고 빙그레 웃더니 아주 공손하게 대답했다.

"손님, 당신의 지적에 저도 공감합니다. 헌데 안타까운 것은 당신과 나 두 사람이 무슨 힘으로 이렇게 많은 관중들에게 맞선단 말입니까?"

일순 장내는 웃음바다가 되었다. 고의적으로 버나드 쇼를 골탕 먹이려던 사람은 슬그머니 그 자리에서 도망쳤다.

누군가 당신을 향해 화살을 날릴지라도 당황해선 안 된다. 그들의 화살은 십중팔구 명확하게 초점을 맞추지 못한다. 그러므로 당신은 좀 더 여유로운 마음을 가져야 한다. 그들이 두려워하는 것은 이런 상대방의 여유이다.

피해야 할 말

● **격렬한 화약 같은 말**

"당신은 늘 그래!", "똑바로 좀 들어!", "이제는 당신 좀 변해!" 하며 불같이 말해서 문제를 확대시킨다. 자신의 말이 어떤 문제를 일으키는 줄을 항상 본인이 알면서도 그 말을 멈추지 않는다. 이런 말을 자주 하는 사람과는 대화를 하고 싶지 않게 된다.

● **침묵**

침묵은 의심, 혼동, 추측, 경멸, 무관심, 냉정함을 상대방에게 전한다. 침묵 속으로 빠지지 말고, 험한 말로 남을 침묵 속으로 빠뜨리지 말지.

● **실망시키는 말**

"어린애도 너보다는 낫겠다."

상대방의 잘못을 인식시키겠다는 의도로 이런 말을 하지만 이런 말은 태도 변화를 이끄는 데 가장 부적합한 말투이다. 처음에는 약간의 효과가 있어 보일지라도 나중에는 그 말을 아예 귀담아 듣지 않는다. 그래서 정작 중요한 말을 할 때도 '녹음기 틀어놓은 말'로 무시해 버린다.

- 빗대어 하는 말

자신의 생각을 말하면서도 남의 이야기인 것처럼 남을 끌어들여 말한다. 선한 이야기는 그렇게 해도 좋지만 나쁜 이야기는 그렇게 하면 안 된다.

- 방어적인 말

불편한 말을 들었다고 대뜸 맞대응해서 짜증 섞인 말을 하는 사람이 있다. 이런 사람은 상대방의 필요에 대한 민감성이 부족한 사람이다.

- 감정 섞인 말

큰 소리, 화난 소리, 격렬한 소리, 극적인 소리도 좋지 않다. 그것은 감정의 솔직한 반영이라기보다는 대화의 주도권을 잡으려는 나쁜 획책이다.

- 많은 말

사람들이 말을 많이 하는 이유는 다른 사람을 지배하고 분위기를 장악하려고 하거나 자신의 분노와 좌절을 그런 식으로 표현하기 때문이다.

7
상대를 감동시키는 법

우리나라 사람은 대체로 표현력이 부족하다.

왜 그럴까?

그 원인은 여러 가지가 있겠지만 '암탉이 울면 집안이 망한다, 남자는 자고로 과묵해야 한다, 자신의 속을 있는 그대로 표현하는 것은 경망스럽다.'라는 식으로 자신의 표현을 자제하도록 하는 풍토에서 살아 왔기 때문이다.

특히 남자는 가부장으로서 집안에서 권위를 세워야 하는 입장이니 자신의 감정을 그대로 표현하기가 어려웠을 것이다. 하지만 요즘은 자신의 요구나 바람을 잘 표현해야 한다. 그렇지 않으면 자신이 원하는 바를 제대로 얻을 수가 없다.

삶의 패턴이 바뀌고 복잡해진 데다가 인간관계 역시 얽히고 얽혀서 복잡해지다 보니 감정이나 사고, 심리 역시 복잡해졌다. 그런 복잡한 감정이나 사고를 표현하지 않고서는 상대가 도저히 알 방법이 없는 것이다.

스티븐 코비의 '성공하는 사람들의 7가지 습관'에 어떤 노부부 이야기가 나온다.

　신혼 초부터 남편은 빵의 가장자리 부분을 부인에게 주고 자신은 항상 안쪽의 부드러운 부분만을 먹었다. 부인은 그것이 못내 불만스러웠지만 수십 년을 참고 지내다가 드디어 결별하던 날 분노가 폭발하고 말았다.

　부인의 입장에서는 그런 사소한 것을 걸고넘어지는 것이 남편에게 속 좁은 여자로 비춰지는 것 같아서 참고 살았을 것이다.

　그런데 아내가 화를 내며 남편에게 따지자 남편은 의외의 대답을 하는 것이었다.

　사실 남편은 빵의 딱딱한 가장자리 부분을 더 좋아했다. 그래서 자신의 아내도 그 부분을 좋아할 것이라고 생각하고 매일 그 부분을 주었고 아내는 그것에 대해 아무런 표현을 하지 않았기 때문에 당연히 좋아하는 줄로 알고 있었던 것이다.

　그런데 사실은 그게 아니었다.

　그런 상황은 서로가 표현하지 않아서 생기는 갈등이다.

　인간관계에서 서로의 입장이나 생각을 정확하게 표현하지 않아서 생기는 갈등이 얼마나 많은가?

　직장이나 학교, 어떤 집단에서든지 표현하지 않기 때문에 곪아 터지는 관계들이 비일비재하다. 심지어 매우 가까운 가족 간에도 그런 일이 상당하다.

　사회생활을 원만하게 하기 위해서는 관계가 좋아야 하고 관계를 좋기 위해서는 표현을 적절하게 잘해야 한다.

그런 면에서는 서양인들이 자신의 표현을 잘하는 편이다. 그 이유는 어릴 때부터 학교에서 늘 발표하는 기회를 많이 하는 교육을 받고 자랐기 때문이다.

내가 이런 말을 하면 상대가 나를 어떻게 생각할까 하는 고민이 동양인들보다는 훨씬 적은 편이다.

사회에서 성공하는 덕목 중에 하나가 타협과 설득의 탁월함이다.

그런 설득이나 타협은 자신을 잘 표현하는 것에서부터 비롯된다.

또한 좋은 관계를 유지하는 것 역시 좋은 감정을 적절하게 잘 표현하는 데 있다.

가족에게조차 미안하다, 사랑한다는 말을 하지 못한다면 다른 사람에게 어떻게 자신을 표현할 수 있겠는가?

'내가 표현하지 않아도 상대가 알아주겠지 또는 알아서 다 해주겠지, 그 정도 살았으면 내 취향과 감정, 생각을 알겠지.'라는 판단의 오류로 인해 갈등을 쌓는 일은 이제 그만해야 한다.

시시각각 변하는 것이 사람의 감정인데 아무리 오래 같이 살았다고 해도 그것을 어떻게 상대가 다 파악할 수 있겠는가?

아무런 표현 없이 상대가 알아서 해주기를 바라는 것은 상대에 대한 배려심의 부족이다.

생일이나 특별한 기념일에 받고 싶은 선물이 있으면 솔직하게 말해야 한다.

자신이 원하는 바를 표현하지도 않고 상대가 해주지 않은 것에 대해 우회적으로 자신의 불편한 심기를 표현하는 것은 어린아이 같은 행동이다.

몸에 배지 않아 서툴겠지만 지금부터 표현해야 한다.

'사랑한다, 고맙다, 감사하다, 미안하다, 나는 이런 것을 혹은 이렇게 해주기를 원한다 등등……'.

혹시 상대가 기분이 상할 수 있는 말은 정말 꼭 해야 할 필요가 있는지 몇 번을 곱씹어보고 하고, 좋은 말, 칭찬하는 표현은 지체하지 말고 바로바로 한다면 아마 전보다 더 가슴이 뿌듯하고 행복한 관계가 이루어질 것이다.

표현하는 방법 역시 매우 중요하다.

같은 말이라도 어떻게 표현하느냐에 따라 전달이 달라지기 때문이다.

내 자녀들 역시 표현에 익숙해지기 위해서는 가정뿐 아니라 학교에서도 표현하는 스킬을 배울 필요가 있다.

국제사회에서 타협과 설득을 통한 이익을 최대화하기 위해서라도 그런 교육은 시급하다고 본다.

⑧ 감정표현을 묶어 두지 말고 풀어놓자

도대체 사람이 산다는 것이 무엇일까?

한 치의 여유조차 없는 삶이라면 전혀 의미가 있을 수 없다.

다정한 사람과 소주 한잔 앞에 놓고 인생을 얘기하고, 한편의 아름다운 추억을 얘기할 수 있는 건강과 그 만남이 있다면 그것 자체가 바로 행복이며 축복된 삶이 아닐까?

수다를 떤다는 것 또한 인생의 여유로움이다. 우리는 수다 하면 떠오르는 것이 여성이다. 그만큼 여성들은 수다에 일가견이 있기 때문이다.

친구와 전화통을 붙잡고 1시간 이상을 조잘거려도 끊을 땐 못내 아쉬워하며 '못 다한 얘기는 카톡으로 보낼게…….' 하며 아쉬워한다.

여성들은 전화로 수다를 떠는 동안 저절로 문제가 해결되는 경우가 많은데 남성들은 상대방으로부터 즉각적인 해결책을 요구한다.

또한 여성들은 밤낮 없이 이용하는데 반해 남자들은 밤이 되어야 술자리에서나 자기 문제를 털어놓는다는 것이다.

남자도 슬프면 슬픈 대로 기쁘면 기쁜 대로 자기감정을 표현할 줄 알아야 한다. 요즘은 말 많은 남자, 재미있는 남자들이 인기를 얻고 있다.

실제로 요즘 여성들이 좋아하는 남성상은 말 많은 남자, 재미있는 남자이다. 한마디로 '수다맨'이 인기 캡이란 얘기다.

수다스럽다는 것은 사고가 유연하다는 뜻과 일맥상통한다. 사고가 유연하지 않으면 유머가 생성될 수 없기 때문이다. 유연하다는 말은 부드러움을 뜻하는 것이요. 이 부드러움이란 바로 감성지수가 높음을 의미한다. 따라서 감성지수가 높은 사람이 경쟁력의 우위를 확보해 성공할 확률이 높다.

그리고 자유로운 감정의 표현을 억압하면 수명이 단축된다. 한국의 남녀 평균 수명 차이는 OECD 국가 중 가장 크다.

찜질방에서 부인들이 단체로 연속극을 보며 울고 웃는 사이, '존귀와 위엄'을 갖춘 이 땅의 남자들은 아무도 멋있게 보지 않는 근엄한 표정을 지으며 스스로 생명을 갉아먹고 있기 때문이다.

그럼에도 불구하고 여전히 공식적인 자리에서 만나는 CEO들의 표정은 한결같이 굳어 있다. 자신은 합리적인 사람이라는 뜻이다. 또한 포커페이스가 리더십의 가장 중요한 요건이라고 생각한다. 하지만 그 사이 그들의 수명은 단축된다. 뿐만 아니다. 감정을 억압하는 기업 경영은 뒤처지게 되어 있다. 보다 분명하게 표현하자면 일찍 죽을 뿐만 아니라 사업도 망한다는 이야기다.

얼마 전 방송을 보다가 가수 이장희 씨의 인터뷰를 본 적이 있다. 이장희 씨는 울릉도에서 자연인처럼 살고 있었고 사회자가 물었다.

이장희 씨는 거침없이 '자연인처럼 살고 싶다.'고 말했다. '자연인이 뭐죠?'라고 사회자가 되묻자, '슬플 때 울고, 기쁠 때 크게 웃을 수 있는 자연인입니다.'라고 답하는 것을 보면서 정말 멋지게 사는 모습이라고 생각했다.

그렇다. 웃고 싶을 때 웃을 수 있는 사람, 울고 싶을 때 울 수 있는 사람이야말고 멋쟁이이며 자유인이라고 생각한다.

우리도 감정을 묶어 놓지 말고 자연스럽게 노출시키자. 그런 사람이 진정 자연인이며 자유인이라 할 만하지 않겠는가?

오키나와 장수촌 마을의 백 세 노인들의 공통점 중에 하나가 자기 감정을 솔직하게 표현한다는 것이다. 솔직한 감정표현이 장수의 비결이기도 하다. 솔직하려면 우선 자기 자신에 진실해야 한다. 좀 더 진실하게 솔직하게 살자. 장수를 위해 성공적 삶을 위해…….

9
대화에도 시작과 끝이 중요하다

　사람들과 접촉할 때에는 어떤 사정이 있건 표정을 밝게 해서 명확한 태도를 취하는 것이 호감을 얻는 최소한의 방법이다. 더구나 처음 만나는 사람이라면 더욱 그렇다.
　언제 만나도 애교 없이 얼굴은 떫은 표정을 짓고 있다면 교제를 능숙하게 할 수 없는 사람이다.
　처음 만났을 때 미소는 상대에게 기분 좋은 사람, 따뜻한 사람, 솔직한 사람이라는 인상을 준다. 가볍고 정다운 미소는 즉각적으로 개방적이고 친근감을 나타낸다.
　그리고 헤어질 때의 태도에 따라 매너가 있고 없고가 결정지어진다. 첫인상이 그 사람과의 교제에서 중요한 비중을 차지하고 있음은 두말할 나위가 없으며 만남의 끝이 불분명하고 깨끗지 않은 사람은 매너가 빵점인 사람으로 낙인찍히고 만다.
　평판이 좋고 좋지 않음의 바로미터는 바로 대인 관계의 끝마무리에 달려 있다 해도 과언이 아니다. 때문에 사회생활을 함에 있어서 하나하나의 만남을 나름대로 완결시키는 마음가짐이 필요한 것이다.

어쩔 수 없는 상황으로 결별을 선언하거나 정리해야 될 인간관계에 있어서도 금전 관계를 비롯한 모든 문제를 깨끗하게 정리해 둘 필요가 있다. 끝이 지저분한 사람은 결국 평판이 나빠져 사회생활에 걸림돌이 된다.

뿐만 아니라 기분 좋게 담소하고 상대에게 좋은 인상을 주었는데 헤어질 때의 인사가 중도에서 끝나 버리면 나중에 어쩐지 찝찝한 기분이 남게 된다.

만남의 시작과 끝에서 직접 상대의 피부가 맞닿을 수 있도록 악수로 친근한 정을 표시하는 것이 좋다. 그러나 흔히 외형만을 흉내 내어 의례적인 악수를 하는 사람도 적지 않다. 손끝만 내밀어 나는 당신에게 별로 관심을 갖고 있지 않다는 인상을 주어서는 안 된다.

건성이라는 느낌이 들지 않도록 가벼운 인사말을 나누는 방법도 좋으며 어설픈 인사말이나 마음에 들지 않는 말을 어색하게 하는 것보다 강한 악수로 상대의 마음에 압력을 주는 것이 훨씬 효과가 있는 것이다.

10
공감을 표현하는 방법

오래전 TV에서 방영한 실화이다.

한 청년이 교도소에서 출감했다. 다시는 범죄에 빠지지 않겠다고 다짐했다. 그러던 중 친구로부터 한 여자를 소개받았다. 여인은 진심으로 그 청년을 사랑해주었다. 청년은 지금껏 그러한 사랑을 받아본 적이 없어 쉬이 사랑에 빠졌다. 그리하여 동거까지 하게 되었다.

그는 여인이 원하는 것은 무엇이든 다 해주고 싶었다. 여인은 예쁜 집을 하나 갖고자 했다. 하지만 그는 변변한 직장도 없어 아내의 소원을 들어주지 못한 점이 안타까웠다. 그러던 어느 날 우연히 한 가정에서 강도행각을 벌이게 되었다. 다시는 그런 일에 빠지지 않겠다며 다짐했건만 또다시 그런 일을 하게 된 것이었다.

그는 법의 심판을 받을 것이 두려워 신고하지 못하도록 때려죽이기까지 했다. 그리고 이후 열 명이 넘는 사람을 죽이고 돈을 훔쳐 아내에게 가져다주었다.

후에 여인은 남편이 자신이 바라던 꿈을 이루어주기 위해 그 같은 일을 벌인 것을 알고서 땅을 치며 통곡했지만 이미 돌이킬 수 없는 일이었다.

　법정에서 그에게 물었다.

　"앞에서 한 생명이 죽어가는 것을 보고서도 고통을 느끼지 못했는가?"

　그러자 그가 대답했다.

　"전혀 느끼지 못했습니다."

　공감 능력은 상대방이 느끼는 감정을 그대로 느낄 수 있는 능력을 말한다. 다른 사람이 즐거워하면 자신도 즐거워하고, 다른 사람이 아파하면 자신도 아파할 수 있는 능력이다.

　심리학자들에 의하면 성폭행, 어린이 유괴, 살인 등의 잔인한 범죄를 저지르는 사람들의 공통점은 공감능력이 부족하기 때문이라고 한다. 피해자들이 느끼는 고통을 스스로 느끼지 못하기 때문에 연쇄적으로 범죄를 저지르게 된다는 것이다.

　공감능력을 키우는 방법으로는 상대방의 입장에서 그의 관점과 동기 혹은 욕구를 이해해보는 훈련을 하는 것이다.

　혼자서 역할 놀이를 해보는 것도 좋은 방법 중의 하나이다. 상대방의 역할을 직접 해봄으로써 상대방이 느끼는 감정을 조금씩 느낄 수 있게 되어 공감능력이 점차 회복되는 것이다. 또한 TV에서나 실생활에서 기쁨과 슬픔 등의 장면을 대할 때 그냥 지나치지 않고 그 감정에 오래 머무르며 그 감정을 느끼는 연습을 하다 보면 감정이 조금씩 살아나게 된다.

상대방이 말을 할 때 '예, 그렇군요.', '그러시겠어요.', '그런 어려움이 있었군요.' 등의 공감적 의사소통을 하는 것도 공감능력을 키우는 데 큰 도움이 된다. 마음이 변화될 때 행동이 바뀌기도 하지만 말 등의 행동이 변할 때 마음이 바뀌기도 하기 때문이다.

11 경이로운 스몰토크

스몰토크Smalltalk는 짤막한 말이란 뜻으로 큰 의미를 지니지 않으면서도 친밀함이 내포되어 있는 대화를 스몰토크라고 한다.

'어떻게 지내?', '별일 없소?', '밥이나 한번 먹어.'

우리 주변에서 흔히 볼 수 있는 짧은 대화다. 더욱이 핸드폰이 일상화되면서 이런 유의 대화들이 주를 이룬다. 인터넷 대화에서나 커뮤니티, 블로그 등에서 익명과 나누는 대화는 더욱더 그렇다. 이곳에서도 자신의 좌절, 고민, 희망, 문제 등을 깊이 있게 이야기한다.

이처럼 새로운 경향이 자리 잡아 나가는데도 우리는 흔히 의미 없는 대화라고 간주해 버리지만 사회적으로 하나의 트렌드로 자리 잡게 되면 자신의 삶이나 비즈니스에 영향을 미칠 수 있다는 것에 유념해야 할 것이다.

우리는 서로의 관계를 유지하기 위해서 친밀함을 어떻게 유지할 것인지 고심한다. 옛날에는 편지가 중요한 역할을 했지만 지금은 기기를 통한 접촉이 중요한 역할을 한다. 가족 친인척 동료 사이에 짧게 서로의 안부를 확인하는 스몰토크는 인간관계에서도 많은 변화를 가져 오고 있다.

특히 친구와 대화를 나누다가, 갑자기 중간에 대화가 뚝 끊겼던 경험이 있을 것이다. 그럴 때, 분위기도 어색해질 뿐만 아니라 이런 경험이 반복되다 보면 사람 만나는 일이 두려워질 수도 있는데 이럴 때 어색한 분위기를 피하려면 비록 큰 의미는 없어도 소소한 대화들이 계속 이어져야 한다.

스몰토크(Small Talk)는 어려운 것이 아니다. 우리는 이미 하루에 수십 번도 넘게 스몰토크를 나누고 있기 때문이다. 스몰토크는 다음과 같이 하면 잘할 수 있다.

첫째, 위험을 감수하자! 누군가가 먼저 다가오기만을 기다리지 말고 여러분이 먼저 다가가자.

둘째, 대화의 짐을 떠맡자! 재미난 이야깃거리를 생각해 내고, 중간에 대화가 끊겨도 대화를 이어나갈 수 있도록 용기를 내야 된다. 누군가와 소통하기 위해선 노력이 필요하다.

스몰토크의 사용

⊙ 잠시 실례해도 되겠습니까? 질문해도 될까요?

당신은 이미 실례를 한 상태다. 바쁜 사람을 방해하고 싶지 않다면 바로 질문하자! 대신 정중하게 '방해해서 미안하지만…….'이라고 말한 다음 질문하자.

◉ 정말 만나서 즐거웠어요.

그렇다면 당신은 항상 솔직하지는 않다는 말이 된다. 하필 이 문장에 제한을 붙이는 이유는 무엇인가? 대신 '만나서 즐거웠어요!'라고 말하자.

◉ 만일…… 를 찾게 되면

'만일'이라는 단어는 낮은 기대감을 형성한다. 기대감을 올리고 확신을 심어주자. 대신 '제가 찾아보고, 어떤 식으로든 알려드리죠.'라고 말하자.

쉬어가기

★ 배려만큼 사람을 감동시키는 것도 없다

비행기 안에서는 커피가 무료인 것을 안 한 할아버지.
스튜어디스를 불러 2잔의 커피를 시켰다.
서비스 정신이 투철한 스튜어디스는 조심스럽게 2잔의 커피를 갖다드렸다.
그러자 할아버지가 인심을 쓰듯이 말했다.
"수고했어, 한 잔은 아가씨 마셔!"

★ 썩혀야 쓸 만하다

한 젊은 화가가 대선배 화가에게 물었다.
"선생님, 저는 단 삼 일이면 그림 한 장을 그려냅니다. 그런데 그 그림이 팔리는 데는 2-3년이 걸립니다. 도대체 어떻게 해야 더 빨리 팔 수 있을까요?"
그러자 그 선배가 대답했다.
"그거 별거 아니라네……. 이삼 년 걸려서 그림 한 장을 그려보게 나. 그럼 단 이삼일 만에 팔릴 걸세."

덤의 매력

어느 아이스크림 상점에서 한 여종업원이 유독 매출이 많다 보니 사장이 그 비결이 궁금해서 물었다. 그러자 그녀는 이렇게 대답했습니다.

"별것 아니에요……. 처음에 아이스크림을 듬뿍 올려놓고 덜어냈는데 손님들이 싫어하는 것 같더라고요. 그래서 이제는 조금 모자라게 올려놓고 나서 한 주걱 더 드리는데, 똑같은 양인데도 불구하고 손님들이 더 좋아하는 것 같아요."

사람은 참 단순한 부분이 많다. 또 그러한 부분을 활용하여 마케팅의 유혹 포인트가 되고 있다.

12
'무엇을'(What)보다 '어떻게'(How)가 중요하다

시골에서 복덕방을 하는 노인에게 외지 사람이 찾아왔다.
"이 동네로 이사를 하려고 하는데, 동네 사람들은 괜찮은가요?"
노인은 빙그레 웃으며 말했다.
"댁이 사는 동네 사람들은 어떻소?"
"제가 사는 도시에는 온갖 부류의 사람들이 다 살죠. 넌더리가 나서 이사를 생각 중입니다."
"여기도 마찬가지요. 사람은 다 똑같소."
다음 날 또 외지 사람이 노인의 복덕방을 찾아왔다.
"어르신, 지금 살고 있는 곳도 좋지만, 이곳이 더 발전 가능성이 있는 것 같아 이사를 고려중입니다. 동네 사람들은 괜찮은가요?"
노인은 빙그레 웃으며 말했다.
"댁은 행운을 잡았소. 이곳 사람들도 댁이 사는 동네 사람들과 마찬가지요. 아주 잘 지낼 겁니다."

이웃이 '누구냐?'가 중요한 것이 아니라 내가 '누구냐?'가 중요하다는 말이다.

세상을 살아가는 데 '무엇을 하느냐?'보다 '어떻게 하느냐?'가 중요하다.

식당을 하던 미용실을 하든 '어떻게 하느냐?'가 중요하지 않은가. 다시 말해서 무슨 일을 하든 잘해서 최고가 되면 되는 것이라는 뜻이다.

인간관계도 마찬가지다. '누구를 만나느냐?'보다 '어떻게 만나느냐?'가 중요하다. 아무리 귀한 사람일지라도 형식적인 만남이라면 별 의미가 없을 것이다. 그러나 능력이나 배경이 그렇게 좋지 않지만 서로 귀히 여기는 만남이라면 인생의 귀한 동반자가 될 수 있을 것이다.

세상을 살아가노라면 경쟁자(라이벌)를 만날 수 있는데 그 경쟁자(라이벌)가 무서운 것이 아니라 내 안에 있는 자신이 최고 무서운 경쟁자(라이벌)라는 것이다. 내가 나를 이길 수 있다면 무슨 일이든 두려워하겠는가?

그런 의미에서 세상을 살아가며 본인의 이미지를 향상시키는 방법을 정리해 본다.

1. 칭찬을 받아들이자

어쩌다 칭찬이라도 할라치면 "별말씀 다 하십니다."라든지 "아니에요. 전 그런 칭찬받을 만한 사람이 아니거든요."라는 식의 반응을 보인다면 칭찬한 사람이 얼마나 무안하겠는가. 지나친 겸손은 다른 사람들을 불쾌하게 만들 수 있다. 정말로 성공하는 사람들은 다른 사람들의 칭찬을 우아하게 받아들인다.

2. 언제 어디서는 자신을 좋게 말하자

좋게 말할 것이 아무것도 없으면 차라리 입을 다물자. 자신이 자신을 인정하지 못한다면 누가 당신을 인정해 주겠는가?

3. 자기 자신과 자신의 행동을 분리하자

사람의 행동이 그 사람의 가치와 곧바로 연결되어 있는 것은 아니다. 어쩌다 다른 사람의 차를 들이받았다고 해도 그것 때문에 나쁜 사람이 되는 것은 아니다. 그저 실수를 했을 뿐이다.

인격과 행동을 분리하자. 실수가 당신의 인격은 아니다. 지나간 과거의 좋은 안은 생각은 빨리 잊자.

4. 몸을 잘 돌보고 조심해서 다루자

사람의 몸은 여분이 없다. 오직 하나다. 우리가 하는 일은 무엇이든 다른 것에 영향을 주게 되어 있다. 그러니 평소 부지런히 운동도 하고 잘 먹어두어야 한다.

5. 어떤 대접을 받고 싶은지 사람들에게 알리자

자기 자신을 어떻게 대접하는지를 보여줌으로써 당신들도 이렇게 해달라는 신호를 보내야 한다. 때론 적극적으로 상대방의 기선을 제압하자.

　Yes Man보다 이유 있는 No가 당당하다.

　어떤 사람은 자기 생일 즈음에 숨을 죽이고 주변을 살핀다. '음……. 내 생일을 얼마나 기억하는지 두고 보자.'는 식이지만 요즘처럼 바쁜 세상에 다른 사람의 생일을 누구 기억하겠는가.

　차라리 생일을 예고함으로써 주변으로부터 대접을 정당하게 받는 편이 현명하지 않겠는가.

6. 긍정적으로 말하자. 그리고 긍정적으로 행하자

　비싼 밥 먹고 왜 미움을 사려 하는가? 매사 부정적인 사람은 사람을 쫓는 격이 된다. 이왕이면 다홍치마라고 좋게 말하는 사람에게 정이 가기 마련이다.

7. 지적인 것보다는 감정적으로 표현하자

　사람들은 단단한 것보다는 부드러운 것, 차가운 것보다는 따뜻한 것, 부정적인 것보다는 긍정적인 것, 무미건조한 말보다는 감각을 자극하는 정감적인 말을 좋아한다.

　지적인 것보다는 감정이 앞서는 것은 인간의 속성이다. 보다 친밀한 관계로 이끌기 위해서는 감각어의 활용이 대단한 효과를 가져다 준다.

　우리나라 속담 중에 "말로 천 냥 빚을 갚고, '아' 다르고 '어' 다르다."라는 말이 있다. 원래 뜻은 '같은 말이라도 기분 좋게 하라.'라는 말이다. 같은 말이라도 듣기 좋게, 긍정적으로 하자. 겸손한 마음을 가지고 남을 칭찬하자.

그리고 우호적인 미소를 보내라.

악기를 치면 아름다운 소리가 나오듯이 말을 착하고 부드럽게 하자.

아울러 우리는 남의 단점을 찾으려는 교정자가 되어서는 안 된다. 남의 단점을 찾으려는 사람은 누구를 대하든 나쁘게 보려 한다. 그래서 자신도 그런 나쁜 면을 갖게 된다. 우리는 남의 좋은 면, 아름다운 면을 보려 해야 한다. 그래서 그 사람의 진가를 찾아내야 한다.

이왕이면 다홍치마다.

말에도 온도가 있으니 썰렁한 말 대신 화끈한 말을 써라. 말을 독점하지 말고 상대방에게도 기회를 주어라. 대화는 일방통행이 아니라 쌍방교류다. 상대방의 말을 끝까지 들어줘라. 말을 자꾸 가로채면 돈 빼앗긴 것보다 더 기분 나쁘다. '최고의 스피치는 최고의 경청이다.'라는 말은 만고의 진리이다. 불평불만을 입에서 꺼내지 말라. 불평불만은 불운의 동업자다.

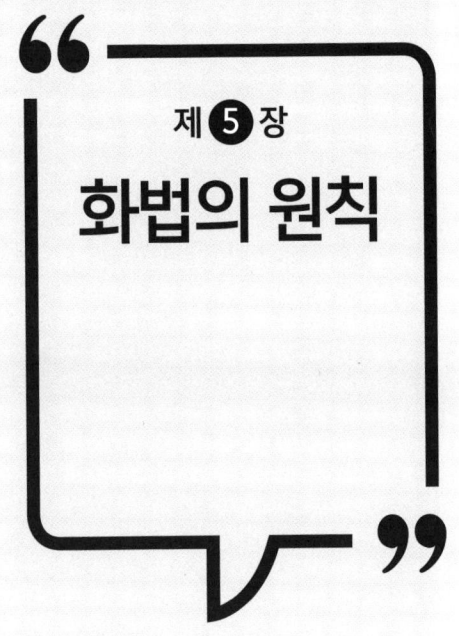

제 5 장

화법의 원칙

① 상대에 걸맞은 화법

록펠러는, "누군가 자기 의견에 반대했을 때에는 우선 감정적인 반대인지, 이성적인 반대인지를 간파하는 것이 중요하다."고 말했다.

상대의 심리, 반대 원인 등을 간파하지 못하면 설득은 영원히 답을 얻을 수 없다. 감정적으로 반감을 가지고 있는 상대에게 논리적인 설득을 되풀이한다는 것은 시간의 손실만을 의미한다. 감정적인 설득이 뒤따라야 상대는 마음을 열어 놓을 수 있다.

희망적인 얘기는 사람의 마음을 누그러뜨린다. 희망적인 얘기로 상대의 감정에 영향을 줄 수 있고, 감정을 움직이면 상대는 당신의 설득이나 말을 훨씬 잘 받아들이게 된다.

상사 대신 들어간 간부회의에 대한 보고를 할 때 "회장님께서 이번 프로젝트가 마음에 안 드신답니다."가 아니라 "회장님께서 다음 프로젝트에 거는 기대가 크시답니다."가 효과적이다. 전체 상황 중 가장 희망적인 부분을 먼저 이야기하기만 하면 된다.

명분을 이해시키자

대화는 설득의 게임이다. 당신의 좋은 의도를 설명하기보다 상대방이 이해할 수 있는 명분을 만들어 주자. 명분이 생기면 사람들은 어떤 자기합리화를 해서라도 당신의 말을 이해하려 들 것이다. '회사의 이익이 걸린 문제'라는 명분이 가장 잘 통한다.

이익에 호소하자

서로 '윈-윈'이 되는 일이라는 것을 명심하도록 하자. 특히 도움을 청할 때는, 우정이 아닌 이익에 호소해야 한다. '당신이 도와준 은혜를 절대 잊지 않을게.'가 아니라 "이번 프로젝트에 동참한 직원들에게 연봉 인상의 기회가 주어질 거야."라고 하는 게 효과적이다.

사람이 우선이다

논리가 안 통할 때는 인간적으로 접근하자. 상대가 늘 당신에게 의존하도록 만드는 것이 핵심이다. 곤란한 상황에 처한 사람을 극적으로 구해주면 그가 당신에게 의존하게 만들 수 있다. 인간적 접근을 시도할 때에는 합리적인 사고를 잠시 잊도록 하자.

자기개방과 I-message

솔직하게 자기를 개방하고 싶어도 주저하게 되는 때는, 아마도 부정적(화, 분노, 원망, 짜증, 미움, 적개심 등)인 이야기를 하고 싶을 때라 생각한다. 물론 사람마다 개인차가 있어서 어떤 사람은 긍정적인 말보다 부정적인 대화를 하는 게 익숙한 사람들도 있다. 그러나 일반적으로 긍정적인 표현보다 부정적인 표현을 하는 것이 더 어렵다. 특히 직장 안에서는 누군가에게 기분이 상했거나, 화가 났다거나 했을 때 자기개방을 하는 게 좋다고 해서 무조건 자기 목청껏 감정을 드러내는 사람은 드물며 하루에도 몇 번씩 부정적인 말들을 하려다가도 참게 되는 것이 현실이다.

대부분의 직장인들은 그동안 노력한 부분에 대해 알아주기를 바라고, 자신이 한 업무에 대한 긍정적인 피드백을 통해 칭찬과 인정을 받기를 원한다. 그러나 인정반응보다는 평가, 비난, 질책, 충고, 경고, 위협 등의 메시지를 받게 될 때 우리는 낙담이 되고, 불안함, 긴장됨, 초조함, 두려움, 수치심, 자책감, 분노, 적개심 등의 부정적인 감정 등을 경험하게 된다. 이럴 때 어떻게 반응할 것인가?

우선 감정이 고조돼 있는 상태에서는 즉각적인 반응을 멈춘다. 왜냐하면 감정적으로 대처하게 되면 자신이나 상대방에게 피해를 주기 때문이다. 그때에는 그 자리를 떠나거나 심호흡 등을 통해 감정의 흐름을 깨달아야 한다.

마음에 드는 감정이나 느낌을 바라보면서 상대방의 어떤 반응으로 인해 지금의 기분 상태가 되었는지 파악해야 하는 것이다. 그리고 나서 그 사람에게 자신이 하고 싶은 말은 무엇인지 생각해보는 시간을 갖는 것이다. 이때 "I message"를 사용해서 이야기하면 다소 안전하게 자기 개방을 할 수 있게 된다.

첫째, 나를 주어로 해서 이야기를 시작한다. (You를 주어로 사용하게 되면 상대방을 비난하는 식으로 대화가 흐르게 된다.)

둘째, 상대방의 문제가 되는 행동과 상황을 구체적으로 말한다.

셋째, 상대방의 행동이 나에게 미친 영향을 구체적으로 말한다.

넷째, 상대방의 말이나 행동으로 인해 야기된 자신의 감정을 인정하고 이를 솔직하게 말한다.

다섯째, 내 말을 전달한 후에 상대방의 반응에 귀를 기울인다.

구체적인 예를 들어보면, 만일 어떤 상사가 부하직원에게 일을 지시했는데 마감 기한까지 일의 결과가 나오지 않자 "쓸데없는 소리 좀 그만하고 제발 시키면 시키는 대로 일 좀 해 봐."라고 말했다면 아마도 부하직원의 사기는 더 떨어지고, 마지못해 일을 마무리하게 될 것이다.

이럴 때 상사가 I message를 사용해서 말을 해보자.

"내가 자네에게 지시한 일의 결과는 나오지 않고, '꼭 마감을 지켜야 합니까.' 하고 물어보니(구체적인 행동) 몹시 답답할 뿐이네.(감정 또는 영향)"라고 바꾸어 말할 수 있다. 그리고 나서 부하직원이 하는 이야기를 들어준다면 정말 멋있는 상사가 되지 않을까 싶다.

마지막으로 대화법을 안다고 해도 즉각적으로 적용하기는 어려울 것이다. 그리고 막상 현실에 직면하게 되면 어떻게 시작해야 될지 난감해서 원래 말하던 방식으로, 예전에 했던 방식대로 하게 된다.

우선은 대화법을 적용하기에 편안한 대상, 또는 안전한 대상에게 연습해보기를 권한다. 그리고 그런 대화가 좀 익숙해지게 되면 점차 확대해서 대인관계에 적용하고, 그렇게 되면 언젠가는 편안하게 대화법을 사용하게 될 것이다.

2 소통하자

인간관계에서 제일 중요한 것은 소통이며 우리 인생은 관계의 연속이다.

부모, 형제, 자매, 연인, 친구, 선배, 후배, 이웃, 동료, 사업 파트너 등등.

행복도 어찌 보면 목표에 도달하는 순간이 아니라 그것을 함께 즐거워해줄 사람에게 느낀다는 것을 알고 있는가? 그래서 소통은 아무리 강조해도 지나치지 않다.

소통이란 막히지 않고 흐른다는 뜻이다. 물길과 물길이 흐를 때 더 넓은 물길을 만들어 나가겠지만 흐르지 않고 막히게 되면 곧 터지게 되는 것이 자연의 이치이다.

소통이 안 되면 고통이고, 소통이 잘되면 화통이다. 사람과 사람과의 물길이 트려면 상대의 마음에 잠긴 빗장을 먼저 풀어야 한다. 어떻게 그 빗장을 풀 수 있을까?

상대에게 관심을 갖고, 상대의 장점을 인정하며 상대를 사랑하면 된다.

그렇게 하려면 먼저 내가 열린 마음을 가져야 할 것이다. 그리고 내 안에 있는 두 마리 개를 버려야 한다. 즉 편견과 선입견이다. 복잡하고 어렵게 생각하면 끝이 없다. 딱 두 가지만 실천하자.

- 먼저 다가가기
- 먼저 배려하기

주류들의 스피치 습관

몸의 치유력의 실체는 생각과 말이다. 우리의 몸은 세상에서 가장 신묘한 생명화학공장이다. 몸에는 음식을 먹어 육체를 유지하는 데 필요한 영양분을 흡수하는 기관 오장육부를 통괄하는 뇌가 있다.

오감을 통해 우리는 기관의 상태를 감지할 수가 있다. 그리고 필요 없는 물질을 배설하는 변과 땀, 호흡기관이 있다. 이러한 과정에서 한순간도 멈출 수가 없는 세포 생산과정에 대하여 우리는 너무나 무지하다.

몸에 필요한 음식이나 호흡을 통해 끌어 들이면서도 마음 안에서 마음을 통해 몸과 마음의 생명력이 존재하도록 하는 생명력의 실체에 관하여는 너무 무지하기 그지없다.

병이 들고 죽음에 당면하면 겨우 사는 것이 무엇인가 하고 자각할 뿐이다. 그중에서 몇 사람이 겨우 생명력을 회복하나 자신만이 알 뿐 전해주지를 못한다. 전해 주고 할 성질의 것이 아니기 때문이다.

우리의 생명 세포는 우리가 생각하고 말하는 생명력의 소리 파장을 듣고 명령받은 그대로 숨김없이 생산한다. 이것이 생명세포를 양산하는 기술의 운명이라는 것이다.

운명이 정해진 것이라 오도하는 사람들은 모두 무지하고 먹고 살기 위해 자신을 들어내는 행위일 뿐이다. 지금 당장 테스트해보면 알 수가 있다.

화를 내게 되면 화에 속한 세포가 생산되고 기쁨에 차면 기쁨에 해당하는 세포가 생산된다. 생명자동화 프로그램에 입력된 그대로 세포를 생산하는 것이다. 그래서 자신이 생각하고 말한 그대로 받게 된다.

자신의 생명을 온전하게 하고 의롭게 하면 자연히 생명은 치유력을 갖고 완전하게 된다. 지금 병들고 고통에 직면해 있다면 자신에게 말로 명령하자.

'나를 자랑하려고 남들에게 오만을 떨지 않겠다.'

'나의 무지를 감추려고 남들을 비난하고 판단하지를 않겠다.'

'자신도 모르게 자신을 드러내려고 자신을 속이고 남을 속이지 않겠다.'고 말하자.

자신의 생각 속에 갇혀 노예처럼 살면서도 스스로의 생명이 병들어 고통받고 있는지도 모른다. 자신의 몸과 마음을 방치하고 홀대하면서 방탕과 중독된 생활에 빠지게 한 자신을 살펴보고 "미안하다. 이해한다. 용서한다. 사랑한다."라고 강력하게 말하자.

내면의 세포는 듣고 있다. 자신을 이해하고 사랑해줄 사람은 바로 자신밖에 없다. 그것이 치유이고 생명력을 회복하는 것이고 행복과 건강과 풍요를 얻는 길이다.

자신이 말 잘하는 사람인 듯, 번지르르하게 포장은 하지만 깊이 없는 지식과 자기변명으로 논리와 설득력이 없는 말을 지루하게 해대는 사람이 있다.

'난 당신들과 달라.'의 말투로 다른 사람을 비하시키는 교만한 스피치는 어느 자리에서건 금물이다. 그런데 중요한 것은 그런 사람은 자신이 정작 인정받지 못하는 비주류인 줄을 모른다는 것에 안타까움이 있다.

당신이 해박한 지식과 경륜이 묻어나는 스피치, 겸손한 말투에 성실한 인격이 묻어나는 사람, 자신감과 리더십이 넘치는 스피치, 사랑과 관용이 배어 있으며, 결단력과 공감 있는 스피치를 하는 사람을 대하고 있다면 그 사람은 어느 조직에서건 주류라고 보아도 무방하다.

◉ 나약한 말투는 쓰지 말자

'제가 그런 일을 할 수 있는지는 몰라도……, 부족한 제가…….'와 같은 말은 자신의 단점을 부각시킬 뿐이다. 예측할 수 없는 지시를 받아도 당당하게 '해보겠습니다.'라고 말하는 것이 좋다. 항상 자신에게 긍정적인 언어를 사용하라는 것이다. 우는 소리한다고 누가 도와줄 사람이 없다.

◉ 비판은 삼가고 칭찬이나 지혜로운 아부기술을 갖추자

실력을 갖췄더라도 독설가에게는 사람이 따르지 않는다. 칭찬하는 연습을 하고 또 하자.

◉ 불필요한 말은 하지 않는다

공적인 말에 사족을 붙이면 불필요한 오해가 생긴다. 핵심만 말해야 뜻이 분명하게 전달된다.

◉ 상대의 말이 틀려도 일단 '예.'라고 긍정적으로 말한 후, 자기 의견을 덧붙이자

예, 그것도 좋은 방법입니다. 그런데 저는 이렇게 생각해봤습니다 …… 이렇게 해보면 어떨까요.

◉ 감정을 억제하고 이성적으로 말하자

어느 그룹이든 이상한 사람은 있기 마련이다. 마음에 들지 않는다고 말싸움을 하면 결국 본인만 손해다. 차가운 머리와 따스한 가슴을 유지하자.

◉ 늘 운이 좋았다고 말한다

운이 좋다고(긍정적으로) 말하면 마음의 여유가 생기고, 일에 대한 두려움도 사라진다. 이것이 선순환이 되어 운이 저절로 굴러온다. 지금 당장 '나는 운이 좋은 사람이다.'라고 말해 보자.

최악의 커뮤니케이션 10가지

1. 대꾸 안 하기

이것처럼 나쁜 의사소통법이 있을까? 무슨 말을 했는데 대꾸가 없으면 '대답할 가치가 없다.'는 말을 하는 것과 같다. 증거를 남기지 않고 사람 열 받게 하는 기술로 대답을 안 하거나 침묵을 길게 유지한 후 대답하는 것이다. 바로 대답하기 어려운 말이라면 '잠깐만'이나 곧 대답을 할 것이라는 메시지를 주어야 한다.

2. 감정 무시하기

별것 아닌 일에도 감정이 많이 상하기도 한다. 감정이 상한 것은 생각하지 않고, 잘못을 따지기만 하는 것은 좋지 않다. 작은 잘못으로 상사에게 꾸중을 듣고 억울함을 호소하는 사람에게 "네가 잘못했어."라고 하는 것은 좋은 대화법이 아니다.

3. 상대방의 상태를 간과하기

지금 당연한 과정을 거치고 있더라도 그 과정에 생기는 안 좋은 감정은 공감받고 싶다. "내가 사원 때는 PC도 없어서 밤새워 자를 대고 표를 그렸어. 요즘 세상 좋아졌지. 뭐 그 정도를 그렇게 힘들어 하나?"라고 한다면 더 이상 이야기하고 싶지 않아진다.

4. 넘겨짚기

어설프게 공감해준답시고 넘겨짚는 것이다. 명탐정 소리는 들을지 모르지만, 이야기한 사람은 기분이 썩 좋지 않다. "저 오늘 몸살 기운이 좀 있어서"라고 말했더니 "그래, 오늘 들어가서 푹 쉬어."라고 한다면 허탈할 수도 있다. 들어가서 쉴 생각은 없고, 그저 자신의 수고를 인정받고 싶어서 한 이야기였을 수도 있다.

5. 비꼬기

차라리 잘못했다고 야단을 치는 것이 나을 것이다. "저 오늘 몸살 기운이 좀 있어서"라는 말에 "그럼 들어가서 쉬어야지."라고 말했다면 같은 말을 해도 듣는 사람의 기분은 하늘과 땅 차이다.

6. 모르는 척하기

상대방의 상황을 알고 있으면서도 모르는 척하는 것이다. 어려운 사정을 이야기하는 상대방의 입장과 감정을 알면서도 모르는 척하면서 자신이 하고 싶은 이야기를 전달하는 것이다.

7. 흉내 내기

한 말을 반복해주는 것이 공감의 기본 기술이지만 계속 그대로 한 말을 반복하는 것은 듣는 사람이 놀림을 당한다는 느낌을 받게 한다. 그러니 비슷한 말로 바꾸어 공감해주는 연습을 통해 세련된 공감의 기술을 발휘하도록 하자.

8. 말 자르기

말하고 있는데 듣지 않고 말을 자르고 들어와서 하고 싶은 말을 하는 것은 나쁜 의사소통일 뿐만 아니라 무례한 행동이기도 하다. 말이 끝나기를 기다리거나 말을 끝내 달라는 신호를 보낸 후 이야기를 해야 할 것이다. 말싸움을 하는 것이 아니라면 말 자르기는 의사소통의 끈을 자르는 일이다.

9. 어려운 단어 쓰기

상대방이 못 알아듣는 단어를 사용해 이해를 교란시키는 행동이다. 원래 많이 모르는 사람이 어려운 말로 설명한다고 한다. 깊은 이해가 있는 사람은 전문 용어를 다 풀어서 표현할 수 있다. 일부러 상대방을 압도하기 위해 어려운 단어를 쓰는 일은 '우리 레벨이 달라.'라는 메시지다.

10. 계속 공감만 하기

이야기의 결론을 맺거나 문제를 해결해야 하는 사안에서도 계속 공감만 하고 있다면 문제이다.

"이 옷이 마음에 안 들어서요."

"색깔이 취향에 안 맞으시나 봐요?"

"색깔은 마음에 들어요."

"네, 색깔은 예쁘게 빠졌어요."

물건을 교환하러 온 고객에게 계속 공감만 해주고 있으면 어쩔 것인가? 문제가 무엇인지 물어보고, 해결할 것은 해결하고, 직면할 것은 직면해야 할 것이다. 듣는 사람은 말을 빙빙 돌리는 의도를 의심하게 된다.

④ 어떻게 해야 말을 잘할 수 있을까

　말 한마디로 천 냥 빚을 갚는다. '말'의 중요성은 여러 번 강조해도 지나치지 않다. 자신의 생각을 진솔하게 효율적으로 전달할 수 있는 능력을 평가하는 스피치는 또 하나의 중요한 도구이다.

　말을 잘하려면 우선 메시지가 명확해야 한다. 확실한 Logic을 준비하자.

　목소리에는 그 사람의 성격과 성향이 담겨 있다.

　따라서 타인에게 긍정적인 인상을 심어주기 위해서 복식호흡과 올바른 발성 훈련이 필요하다. 숨을 코로 깊게 들이마신 후, 아랫배와 단전에 힘을 주고 엉덩이까지 힘을 주는 느낌으로 '아~.' 하고 가슴이 울릴 정도로 소리를 내 보자.

　매일 30초만이라도 꾸준히 훈련하면 쉰 소리도, 말을 하게 되면 목이 잘 쉬는 사람도 가슴이 울리는 소리를 가질 수 있다.

　발음도 빠질 수 없다. 이미지가 좋고 목소리도 좋은데 이야기 전달력이 떨어진다면 난감하다. 한글은 자음과 모음으로 이루어졌다. 자음은 혀의 움직임에, 모음은 입술 모양에 많은 영향을 받는다. 전달력을 높이기 위해 입술, 혀, 입모양의 크기를 제대로 구사해 보도록 노력하면 좋다. 가령 'ㅗㅛㅜㅠ'를 발음할 때 입모양을 뽀뽀하듯이 정확하게 입술 끝에 힘을 주는 식이다. 작은 부분인 것 같지만 이미지, 목소리, 발음이 바른 말하기 습관의 기본이 된다.

중요한 것은 한 마디 한 마디에 정성이 담겨야 한다

툭 내던지는 말투는 얘기하고자 하는 느낌을 주기 힘들다. 정확하게 발음하려는 노력이 더욱 중요한 이유다. 이런 말투는 성의 없는 듯해서 듣는 이가 오해하기 쉬운 말투다. '듣거나 말거나' 식이 돼 버리기 일쑤다.

말할 때 의미 단위로 최대한 끊어 말하면서 천천히 말하자. 발음을 정확히 한다면 공손하고 예의 바르다는 긍정적 인식을 심어줄 수 있다. 천천히 말함으로써 생각할 시간을 가질 수 있다는 점도 하나의 포인트다.

진솔함으로 승부하자

시선, 표정, 행동 등 비언어적 메시지도 말하기 못지않게 중요하다. 함께 있던 사람에게 "그 사람 참 괜찮더라."라고만 전달할 수 있어도 성공한 스피치다.

표정은 항상 밝게 유지하자.

평소의 몸가짐이 예의 바르고 밝은 사람이라는 인상을 심어줄 수 있어야 한다. 시선은 한 사람만이 아닌, 함께 하는 사람과 면 대 면을 마주보는 느낌이 되도록 '얼굴·눈빛 마사지'를 해야 한다. 이 공간을 함께 하고 생각을 나눈다는 공감대가 형성돼야 한다.

시선 처리는 특히 많은 연습이 필요한 부분이다. 상대로 하여금 눈빛을 바라보고 말한다는 생각을 갖게끔 만들 수 있다. 절대 아래쪽을 쳐다보지 않아야 한다.

대화나 스피치(말)를 해야 하는 장소에서 본인이 긴장해 버린다면 소통은 이루어질 수 없다.

손동작의 경우에 면접장에서는 움직임을 최소화하는 편이 좋다.

말(스피치)할 때는 언제 어디서든 자신감 있게 분명하고 큰 목소리가 필요하다. 소리가 작거나 발음이 정확하지 않고 어미가 무성의하게 끝난다면 좋은 점수를 받기 힘들다.

사람의 말소리와 억양, 발음 속에서 자신감과 열정이 녹아 나온다. 굳이 달변가가 아니라도 자신의 열정과 진심을 그대로 느낄 수 있는 눌변가가 더 좋은 점수를 받는 경우가 많다.

말(스피치)할 때 시간 조절도 중요하다. 기사에도 분량이 정해져 있듯이 한 질문에 너무 많은 부연설명을 통해 중언부언하지 않도록 미리 생각하고 말해야 한다. 말이 너무 길어질 경우 핵심이 전달되지 않고, 듣는 이로 하여금 피로감을 느끼게 한다.

대중 앞에서나 공식석상에서 자칫 말이 빨라지기 쉽다. 평소 말하기 연습을 할 때나 책을 읽을 때 의미 단위로 끊어 읽는 연습을 하는 것도 도움이 된다. 의사 전달은 물론 천천히 말함으로써 자신이 어떻게 대화를 전개하는지 생각할 수 있는 시간을 가질 수 있다.

말(스피치)의 악보는 노래의 악보와 똑같다. 음계가 있듯이 말의 높낮이가 있고, 음의 템포가 있다면 말의 빠름과 느림이 있다. 음의 강약이 곧 말의 강약을 나타내고, 쉼표는 말의 쉬어가기pause를 통한 또 다른 감칠맛을 낸다. 듣는 이에게 집중력을 요구하거나 강조의 기법으로도 활용될 수도 있다.

마지막으로 같은 내용이라도 부정적인 표현보다는 긍정적인 단어로 말하는 것이 호감을 이끌어 낼 수 있음을 유념하자.

5. 감동을 주고 호감받는 감성 스피치(감성화법)

어느 장님이 목에 푯말을 걸고 지하철 입구에서 구걸을 하고 있었다. 그 팻말에는 이런 글귀가 쓰여 있었다.
'저는 태어날 때부터 장님입니다.'
지나가는 사람은 많았으나, 그 장님에게 동전을 던져 주는 사람은 많지 않았다. 어느 날, 장님이 쪼그려 앉아 빵조각을 먹고 있는 것을 보고 한 청년이 그에게 다가왔다. 그 장님을 불쌍히 여긴 청년은 그 팻말의 글귀를 바꾸어 주기로 결심하였다. 청년은 원래 있던 글을 지우고, 그 위에다 다시 이렇게 썼다.
'저는 봄이 와도 꽃을 볼 수 없답니다.'
그 후로, 길을 지나가는 사람들의 태도가 바뀌었다.
그리고 그들은 그 장님 앞에 놓인 깡통 속에 아낌없이 동전을 던져 넣기 시작했다. 참 신기한 일이지 않은가. 글자를 몇 개 바꾸었을 뿐인데 사람들은 마음의 문을 열기 시작한 것이다.
그만큼 우리의 일상은 메말라 있다는 반증이다. 사람과 사람 사이의 거리는 종이 한 장 차이이다. 당신의 풍부한 감성으로 그 간격을 없애 주길 바란다.

'디지털 감성시대'란 말이 회자되고 있다. 디지털 기술이 급속도로 발달하면서 모든 것이 편해지고 눈부신 발전을 이룩하고 있지만 우리 현대인들의 마음 한편에서는 뭔가 허전함과 공허함이 느껴진다.

딱딱하고 기계적인 업무, 치밀하게 계획되어 바쁘게 돌아가는 삶 속에서 우리 현대인은 마치 기계처럼 무감각해지고 사막처럼 건조해져만 간다. 하지만 우리는 기계가 아니다. 느낄 줄 아는 생명들이다. 펄떡 펄떡 뛰고 있는 심장을 가진 살아 있는 인간으로서 풋풋한 인간미와 따뜻한 감정을 느끼고 싶은 욕구를 가지는 것은 어찌 보면 당연하다 할 것이다.

요즘 사회를 살펴보면 무늬는 디지털 합리주의 세상인 것 같지만 한 꺼풀만 벗겨 그 속내를 들여다보면 오히려 감성적인 갈망이 옛날보다 훨씬 더 짙게 깔려 있다.

기업들도 이런 세태를 반영해 '감성 경영', '감성 마케팅'에 초점을 맞추고 있으며 감성 측면을 강조한 다양한 제품이나 서비스들을 시장에 내 놓고 있다.

이어령 교수는 이런 추세를 예리하게 꿰뚫어보고 효율적인 디지털과 따뜻한 감성의 아날로그, 그 둘을 합성한 신조어 '디지로그'를 제시했다.

아무리 시대가 눈부시게 변하고 바뀌어도 인간은 역시 감정의 동물인 것이다. 첨단 기술로 무장했다고 해도 결국 우리 인간의 삶의 뿌리는 따뜻한 마음에 있다.

우리 인간이 이성과 합리성을 추구한다고 하지만 결국은 마음의 이끌림에 큰 영향을 받게 된다. 어떤 물건을 구매할 때도 꼭 필요해서, 성능이 가장 좋아서 선택하는 것만은 아니다. 그냥 갖고 싶어서, 그냥 마음에 들어서 구매하는 경향이 많다. 인간관계나 설득에 있어서도 이러한 모습들을 볼 수 있다. 다음은 철수가 병수를 설득하고 있다.

"병수야, A는 B고, B는 C야. 그래서 A는 C가 돼. 그래서 너는 A를 꼭 해야 돼. 알았지?"

철수의 말을 묵묵히 듣고 있던 병수가 한마디 툭 던진다.

"철수야, 네 말이 옳은 것은 알겠어. 하지만 나는 그렇게 하고 싶지 않아."

철수는 논리적으로 옳은 설명을 하고 설득을 했지만 결국 설득은 실패로 끝나버렸다. 논리만 가지고서는 사람의 마음을 움직이기 힘들다.

아리스토텔레스는 훌륭한 설득력을 갖춘 스피치가 되기 위한 세 가지 측면을 설파했다.

첫째는 연사 자신의 인격적 부분인 에토스, 둘째는 이성적이고 논리적인 측면의 로고스, 마지막으로 감성적인 측면의 파토스다.

감성을 배제한 스피치로는 청중들에게 공감을 주기 어렵다. 특히나 요즘의 스피치는 감성직인 측면이 더욱 부각되어 가고 있다. 이제 스피치도 '감성 스피치' 시대인 것이다. 그럼 어떻게 하면 '감성스피치'를 잘할 수 있을까?

첫째, 청중이나 상대의 마음을 열어줘야 한다.

　필자가 기업체 강의를 나가게 되면 강의 내용으로 곧바로 들어가지 않는다. 지식을 전하기에 앞서서 필자의 마음을 먼저 전하려고 노력한다. 그리고 청중들의 마음을 도입부에서 활짝 열어 준 다음에 강의를 시작한다. 아침 교육의 경우라면 편안한 자리에서 대화를 나누듯이 "잘 주무셨습니까?", "아침은 맛있게 드셨어요?", "교육 받으시느라고 정말 수고 많으십니다." 등의 꾸밈없이 따뜻한 마음을 담은 친근한 인사와 함께 화기애애한 분위기를 조성한다.

둘째, 나와 청중 혹은 대화자 사이의 공통점을 찾아야 한다.

　우리나라 사람은 특히 공통점을 발견했을 때 금방 친해지기 쉽다. 감성 스피치는 청중(상대)와 공감을 이뤄나가기 위한 것이다. 그러기 위해 서로의 공통점을 발견하게 되면 금방 공감의 분위기로 바뀐다.

셋째, 음악, 시, 유머를 활용하자.

　감성을 일깨우는 최고의 도구가 바로 음악, 시, 유머이다. 어떤 경우는 수많은 말보다도 한 편의 시가 훨씬 더 큰 감동을 주고, 쩌렁쩌렁한 웅변보다 아름다운 한가락 음악선율이 훨씬 더 쉽게 마음을 열게 하며, 쉼 없이 쏟아내는 수사(修辭)보다도 한 번의 유머가 분위기를 밝게 바꿀 수 있다.

6 언어의 마술, 칭찬

한 심리학자가 미국의 초등학교에서 지능지수 검사를 한 후 학업 성취 가능성이 있다며 거짓으로 나누어 준 뒤 8개월 후에 다시 검사하니 학업성적이 많이 향상되었다고 한다. 이것은 선생님의 믿음과 칭찬이 잠재능력을 키우고 자신감을 불러일으킨다는 증거이다.

삶의 질은 사람과의 사이에서 싹트는 것이다. 바로 서로의 칭찬이 삶의 질을 높여 가는 것은 아닐까 한다.

우리가 가장 듣고 싶은 말은 '예쁘다.', '멋지게 산다.', '의리가 있다.', '사랑한다.', '당신은 꼭 그 자리에 필요한 사람이다.', '건강하군요.' 등이고, 가장 듣기 싫은 말은 '싸가지가 없다.', '실패했다.', '능력이 그것밖에 안 되나.', '공부해라.', '나이 많이 들어 보인다.' 등이다. 사실 듣기 좋은 말은 "칭찬"이고 듣기 싫은 말은 "비방"이다.

모든 사람들은 긍정적으로 이야기해주기를 바란다. 비교하는 말은 싫어하고, 인정해주는 말은 듣기 좋아한다. 그러나 말이란 '아' 다르고 '어' 다르다.

머리숱이 없는 대머리를 가진 사람에게 이발사가 '어! 머리가 저

번보다 많이 났네요?' 한다면 좋을 것도 같지만 실상은 기분이 상한다. 거짓 과장이기 때문이다.

　사람은 본능적으로 싫은 소리를 듣기 싫어한다. 칭찬을 하면 호감으로 돌아오고, 남의 장점을 이야기하면 자신감이 더욱 불어나고, 인정하는 사회, 서로 배려하는 사회로 웃음이 넘칠 것이다. 부모는 자식에게 자식은 부모에게 서로 신뢰를 갖게 될 것이다.

　칭찬을 받으면 엔도르핀이 생긴다. 웃을 때도 마찬가지이다.

　나폴레옹의 일화 중에, 어떤 손님이 나폴레옹을 칭찬하니 한 참모가 '우리 장군님은 칭찬듣는 것을 싫어하십니다.'라고 하였다. 그러자 나폴레옹이 벙긋이 웃었다고 한다. 그것도 나폴레옹의 성격을 칭찬한 것이다. 찡그리면 아드레날린이 생성되어 늙는다.

　우리는 칭찬에 인색하다. '밝아 보여요.', '멋있어 보여요.' 등 될 수 있는 대로 칭찬을 많이 하자. 논어에도 자공이 공자에게 '일생을 살아가는 데 꼭 필요한 말이 있습니까?' 하고 물으니 공자께서는 '그것은 용서할 서(恕)이다.'라고 하였다. 또 '네가 하고 싶지 않은 일을 남에게 시키지 말라.'고 하였다.

　칭찬에 인색한 이유들을 들어보면 ① 표현력의 부족 ② 유교적 사상-자기 표시를 하지 않고 무게만 잡는다. ③ 습관적 ④ 칭찬보다 책망하는 교육 ⑤ 먹고 살기 힘드니까 마음을 열지 않는다. 거기에다 명심보감 등의 교육서에 언어생활에 대한 가르침이 나오는데 말을 '조심하라.', '말을 적게 하라.'라는 경구를 생활화하다 보니 말 자체가 어려운 것이 되고 그러한 환경에 젖어들어 버렸다.

칭찬, 관심 격려가 삶을 부드럽게 하고 자신감을 준다.
칭찬도 습관이다. 몸에 배도록 하자.

7 비난 질책 화법

어느 날 한 목사가 분노에 대해서 설교를 했다.

예배가 끝나자 한 부인이 목사에게 다가갔다. 그 부인은 자기가 성질이 너무 급해서 고민이라며 고백했다.

"목사님, 저는 작은 일에 가끔 폭발을 하지만, 그러고 나서는 뒤가 없습니다. 금방 풀어 버립니다. 마음에 두고 꿍하고 있지는 않지요. 일 분도 안 걸려 그 사람하고 그 자리에서 다 뚝뚝 털어버리고 끝납니다."

목사님께서 그 부인의 눈을 들여다보면서 정중히 말했다.

"엽총도 그렇습니다. 한 방이면 끝나지요. 오래 안 걸립니다. 그러나 한 방만 쏘아도 그 결과는 엄청납니다. 다 박살나지요."

분노는 터지고 나면 주워 담을 수가 없다. 분노의 폭발은 사람들에게 상처를 준다. 그리고 언젠가 부메랑처럼 그 화살이 자신에게 돌아온다.

상대방의 잘못이나 지적 사항이 있을 때 덮어 놓고 비난하거나 심하게 야단을 치면 반발도 강해지고 상대방의 원망을 듣게 되는 경우도 많다. 꾸짖는 것보다는 좀 더 신중하게 상대방을 개선시킬 필요가 있다. 상대방의 잘못을 지적할 때 주의해야 할 사항을 보자.

첫째, 스스로 잘못을 느끼게 하는 것이다.

사람은 감정의 동물이기 때문에 자신이 잘못했다는 것을 알면서도 솔직하게 인정하지 않으려는 방어심리를 갖고 있다.

부하직원이 지각을 할 때마다 큰 소리로 꾸짖거나 나무라기보다 '근무 시작은 9시부터란 것 알고 있지? 지금 9시 10분이군.' 이런 식으로 은근히 압력을 넣다 보면 아무리 뻔뻔한 사람이라도 계속해서 지각을 하지는 않을 것이다.

둘째는 지적사항을 명확하게 밝히고 야단을 치라는 것이다.

철저하게 시키고 그대로 하지 않았을 경우에 상대방을 꾸짖는다.

상대방은 자기가 왜 야단을 맞는지 알기 때문에 크게 반발심을 느끼지는 않을 것이다. 아무리 큰 잘못을 했다고 해도 일을 확실하게 가르쳐 주지도 않고 결과만을 가지고 심하게 야단을 치면 상대방을 주눅이 들게 할 수는 있어도 비난의 핵심을 이해시키기는 어렵다. 기준이 확실하면 비난의 강도는 공정해지고 커뮤니케이션이 가능하게 된다.

셋째는 비난의 강도를 적당히 조절하라는 것이다.

사고가 크게 터진 만큼 본인의 충격도 크게 마련이다. 어떤 질책이라도 달게 받을 각오를 하고 있는 것이다. 이럴 때 무조건 심하게 질책을 한다면 오히려 역효과를 낼 수도 있다.

만약 회의석상에서 부하직원이 작성한 보고서에서 잘못된 부분을 발견하고 면박을 주는 상사가 있다면, 그것은 이 원칙에서 벗어난 행동이다. 동료의 눈을 의식하지 않을 수 없는 사람을 그들 앞에서 야단을 치면 자신의 실수를 반성하기보다는 원망하는 마음이 앞서는 것은 뻔한 일이다.

균형 잡힌 비난과 칭찬만이 상대방을 성장하게 한다. 너무 한쪽으로 치우치면 올바른 개선을 기대하기 어렵다. 잘한 일과 잘못한 일이 있을 때는 가급적 칭찬을 먼저 하는 것이 좋다.

그 사람의 결점이 문제가 되었을 때는 곧장 그것을 비난하지 말고 적당히 흐름을 바꿀 필요가 있다. 꾸짖기 전에 칭찬을 해서 받아들이기 쉬운 상태를 만들어주면, 꾸짖는 커뮤니케이션의 효과도 올라간다.

마음이 약한 사람은 상대방이 잘못을 했어도 말을 하지 않고 넘어가 버리기도 한다. 상대의 거북한 표정이 보기 괴로워 뒤로 미루고 싶어져도 그날 중으로, 그것도 가능한 빠른 시간에 말해 버리는 것이 좋다.

언제 한꺼번에 주의를 주겠다고 생각하고 가슴에 묻어두었다가는 시간이 지날수록 야단치기가 더 불편해진다.

너무 가볍게 하면 말하는 사람의 권위가 떨어지는 경우도 있으므로 주의해야 한다.

당신이 평소에 온화한 성격이라면 강하게 야단을 치는 모습이 상대의 인상에 깊이 남을 것이다. 잔소리하지 않았던 상대로부터 호되게 꾸지람을 들으면 충격의 강도가 그만큼 세지는 것이다. 평소에는 엄한 태도를 보이고, 실수가 있으면 바로 꾸짖는다. 또한 어려운 일을 해냈을 때 듬뿍 칭찬해 주는 것이다.

"정말 잘했어. 이 정도면 어디 내놓아도 손색이 없겠어."

이것만으로도 부하직원의 업무의욕을 상승시키는 충분한 효과가 있다. 반드시 호된 질책만이 능사는 아니다. 사고가 크게 터진 만큼 본인의 충격도 크게 마련이다. 그러므로 어떤 질책이라도 달게 받을 각오를 하고 있는 것이다. 무조건 심하게 질책을 한다면 오히려 역효과를 낼 수도 있다.

효과적인 샌드위치 화법

상대에게 상처를 주지 않고 올바른 길로 인도하기 위해서 '샌드위치 화법'이란 것이 있다.

샌드위치 화법이란 샌드위치를 먹으면서 하라는 얘기가 아니고, '샌드위치가 빵과 빵 사이에 고기나 야채가 들어 있는 것'과 같이 칭찬과 칭찬 사이에 질책의 말을 집어넣으라는 것이다.

친절한 말이나 칭찬은 우호적인 분위기를 조성하는 데 효과가 있다. 즉, 칭찬의 말로 질책을 시작하면 상대는 자신이 직접 공격당하는 것이 아니라는 생각에 안심을 하게 되어 이 질책을 거부감 없이 받아들일 수 있다는 것이다.

예를 들자면 "김 군, 자네가 제출한 보고는 빈틈이 없이 아주 잘되었네. 그런데 말이야. 여기 한 군데가 이상한데 자네같이 꼼꼼하고 성실한 사람이 이 같은 실수를 저지르다니, 다시 이 서류를 갖고 가서 이곳을 다시 고쳐보도록 하게. 자네라면 틀림없이 잘해낼 수 있을 거야."

이런 식의 충고라면 상대는 자존심이 상하는 일 없이 잘못된 점을 고치기 위해 더욱 분발하지 않겠는가?

또한 질책이 효과를 거두기 위해서는 장소 선택이 중요하다. 인간은 자존심이 다치게 되면 심한 반발을 하게 된다. 아무리 부드럽게 꾸짖었다 할지라도 많은 사람들 앞에서 질책을 받게 되면 상대는 동료를 앞에서 망신을 당했다고 생각하기 때문에 원망부터 하기 쉽다. 또한 그 비난이 당연한 것이라 하더라도 상대는 질책의 내용보다 방법에 대해 심한 반발을 하기 마련이다.

꾸짖는 장소는 일 대 일로 말할 수 있는 조용한 장소가 좋다. 일 대 일로 충고를 하게 되면 듣는 사람은 큰 거부감 없이 받아들일 수 있기 때문이죠. 많은 사람이 있을 때 "○○ 씨, 할 말이 있으니까 내 사무실로 좀 와요." 하고 말하게 되면 다른 사람들도 눈치를 채게 된다. 그보다는 "○○ 씨, 사무일지를 내 사무실로 좀 가지고 와요."라고 말하는 것이 좋다.

그 다음에 그 사람이 오면 자리에 앉게 한 뒤 천천히 "아, ○○ 씨, 요즘 점점 더 예뻐지는 것 같아. 무슨 좋은 일이 있으려나 보지, 응?"

이렇게 부드러운 분위기를 유도한 뒤 자연스럽게 질책을 해간다면 상대의 감정자극을 최대한 줄일 수 있는 훌륭한 질책이 될 것이다.

상대방을 꾸짖을 때는 장소 선택을 잘해야 한다.

8
비즈니스 협상술

날씨도 화창한 어느 날 골프장에 갔는데 앞 조의 진행 속도가 너무 느리고 게다가 골프를 매우 심각하게 치고 있었다.

마치 미국프로골프PGA에서처럼 순서도 철저히 지키고, 터치 플레이도 없고 게다가 분위기도 매우 엄숙하고……

그런데 정작 무슨 돈이 오가는 것도 아닌 것 같기에 그늘 막에 가서 조심스럽게 물었다.

"무슨 돈내기도 아닌 것 같은데 왜 그렇게 골프를 심각하게 칩니까?"

그러자 일행 중의 한사람이 대답했다.

"말씀 마십시오. 지금 형제끼리 치는데 오늘 지는 사람이 앞으로 부모님을 모시기로 했습니다."

우리는 '협상의 세상' 속에서 살고 있다. '협상'이라고 하면 가죽의 자에 앉아 펜대나 굴리는 사람들의 전유물로 들릴지 모르지만, 우리는 어제도 오늘도 그리고 내일도 협상을 할 것이다. 그런데 '협상'이라는 말을 잘 안 쓴다. 업자들은 '협상을 한다.'라는 말보다는 '쇼부를 친다.'는 말을 더 잘 쓴다. 굳이 우리말로 한다면 '담판을 짓다.'는 말이 어울릴 듯하다.

어찌 되었던 우리는 부지불식중에 협상을 하며 생활을 하고 있는 것이다.

협상의 속뜻은 '무형유형의 사물이나 행동을 앞으로 둔 인간과의 대화'라고 봐야 할 것이다. 그러고 보면 비즈니스의 요소라고도 봐야 할 것이다.

그러나 한국인은 특히 협상을 잘하지 못하는 것으로 정평이 나 있다. 이른바 '체면'을 따지기 때문이다. 또 상명하달식의 기업구조가 주를 이루기 때문에 상사가 내린 지시를 수행하기에 급급한 나머지 상대방의 조건을 제대로 파악하지 못하고 사인을 하는 수가 많기도 하다.

협상은 결코 '땅따먹기', 즉 물질적 이해관계의 '갈라 먹기' 또는 '숫자놀음'이 아니다. 협상은 본질적으로 인간의 가장 기본적인 욕구를 충족해 나가고자 하는 하나의 게임이다.

인간의 기본적인 욕구란 무엇인가?

크게 세 가지다. 물질적 이익^{benefit}을 얻고자 하는 마음, 위험^{risk}을 피하고자 하는 마음, 그리고 가능하면 공평^{fair}하고자 하는 마음, 이 세 가지다. 따라서 성공적 협상이란 서로 상대방의 이 세 가지 마음을 이해하고, 그를 활용하고, 그에 호소하고, 궁극적으로 이 세 가지의 합을 각기 원하는 만큼 이루어내는 과정이다. 협상을 이런 식으로 이해하면 자연히 협상에 대한 접근법이 달라진다.

이익의 창조와 분배

모든 협상은 양자 간의 이익을 최대화하려는 경쟁적인 면과 공동의 목적을 이루려는 협동적인 면과 같은 동전의 양면성을 지니고 있다. 협상의 자리에서 이러한 이익의 극대화와 협상의 파트너와의 win-win이 될 수 있는 협상을 하기 위해서는 이익이 되는 부분과 이익을 나누는 부분에 대한 변수를 모두 리스트 업(List Up)하는 것이 중요하다.

상반된 입장보다는 상호 이익에 관심을 갖자

자신, 자기 부서, 혹은 자신의 회사의 입장을 계속해서 말을 하는 협상은 결코 결론을 이끌어 낼 수 없다. 상대방 또한 자신의 얘기를 계속하려 하기 때문이다. 진정한 협상가는 절대 "내 생각에는…….", "저희 입장으로는…….", "저희 경험으로는……." 이러한 말을 하지 않는다.

협상 테이블에서는 항상 좌뇌로 생각하고 우뇌로 말하자

뇌에 대한 연구로 노벨 의학상을 받은 로저 스페리$^{Roger\ sperry}$ 박사에 의하면 좌뇌가 논리, 수리, 물리, 기호학 등에 뛰어난 능력을 갖고 있다면 우뇌는 언어, 감성 등 감정적이고 정서적인 유머 분야에 뛰어난 기능을 보인다고 한다. 논리적으로 대화하고 설득하는 데는 한계가 있다. 우뇌에 에너지를 불어넣어 상호 간의 만족과 환희를 맛볼 수 있는 엔도르핀을 발산할 수 있도록 해야 한다. 그것이 협상에서 분위기를 리드해 나가는 일이다.

논쟁보다는 설득하자

협상을 진행하다 보면 회의 중에 본의 아니게 언성이 높아지고, 분위기가 격해질 수 있는데 이는 자신의 의견이나 목적을 위해 상대방을 설득하고자 하는 심중 때문에 생기게 되는 결과다. 하지만 결과를 놓고 볼 때 이러한 협상의 태도는 결코 좋은 결과를 가져다주질 못한다.

설득이란 우격다짐이나 많은 상식적인 예기지만, 듣는 것이 곧 승리하는 길이다. 또한 자신의 의견을 직접 표현하지 말고 간접적으로 설명하는 것도 논쟁을 피할 수 있는 좋은 방법이다.

질문을 하자

협상에 임할 때에는 질문을 많이 하는 것이 좋다. 또한 질문은 Why보다는 What으로 묻는 것이 좋다. 중요한 확인 사항이나 나중에 문제가 될 소지가 많은 사항은 같은 질문을 두 번 이상 반복하는 것도 좋은 협상법 중 하나다. 또한 반대 입장에서 상대방의 말은 받아 적어두고 성실히 대화에 임하는 자세가 필요하다. 하지만 상대의 모든 질문에 대답할 필요는 없다.

위장 양보에 속지 말자

능력 있는 협상자는 상대의 배경을 면밀히 조사하여 위장된 조건과 실제를 구분할 줄 알아야 한다. 실제로 조건 없는 좋은 조건은 없으며, 항상 그 뒤에 있는 의중과 양보의 실체를 파악하도록 노력을 기울여야 한다.

상대의 체면을 살려주자

협상에 임할 때에 최종 결정자는 협상의 과정에 나타나지 않아야 한다는 것이 일반적이다. 따라서 협상에 임할 때에는 항상 협상 중 자신의 역할에 보람을 느낄 만큼의 여유를 남겨 둬야 한다. 또한 상대가 최종 결정권자가 아니어도 항상 상대의 인격을 존중하는 마인드로 협상에 임해야 한다.

극약처방을 쓰자

항상 효과적인 방법은 아니지만, 협상의 현안들이 거의 마무리되어 가는 시점에 상대가 결정을 못 내리는 경우에는 최후통첩 작전을 펴는 것도 좋은 방법이다. 하지만 끝까지 밀어붙일 자신이 없으면 최후통첩은 삼가는 것이 좋다.

9 사람의 마음을 여는 대화법

아라비안나이트에서 '열려라, 참깨.'라는 암호에 의해 동굴의 문이 열린다.

이것은 심리학에서 '유발기제'로 대응되는데 사람의 마음을 여는 데도 작용하게 된다면 훨씬 높은 성과를 이룰 수 있을 것이다.

이를 증명한 것이 랭거의 실험이다.

"죄송합니다만 제가 지금 다섯 장을 복사해야 하는데 복사기를 먼저 사용하면 안 될까요? 왜냐하면 지금 제가 굉장히 바쁘거든요"

이처럼 요청 시 이유를 제시하는 것은 아주 효과적이어서 94%의 사람들이 요청을 쾌히 승낙한데 반해서 "죄송합니다만 제가 지금 다섯 장을 복사해야 하는데 제가 먼저 복사기를 사용하면 안 될까요?"와 같이 이유를 제시하지 않는 요청은 60%의 사람들만이 승낙하였다.

더욱 놀라운 것은 "죄송합니다만 제가 지금 다섯 장을 복사해야 하는데 복사기를 먼저 사용하면 안 될까요? 왜냐하면 지금 제가 꼭 복사를 해야 하거든요."라고 말했을 때 93%의 승낙을 받게 된다.

인간 행동의 법칙 중 하나는 "다른 사람에게 호의를 요청할 때는 왜 지금 그것이 필요한가에 대한 이유를 반드시 제시하라는 것이다. 왜냐하면 사람들은 자신의 행동이 "이유 있는 것"이 되기를 원하기 때문이다.

이처럼 이유 제시어가 되는 것이 '그래서', '그리고', '따라서', '다음은', '왜냐하면', '요약하자면' 등이 있다.

길을 지나가는 사람에게 장미 한 송이를 건네며 "이것은 제가 당신에게 드리는 선물입니다."라고 한 다음 "실례가 안 된다면 어려운 사람들을 위해 모금해 주시겠습니까?"라고 한 경우 그렇지 않은 경우보다 몇 배의 성과를 거두었다고 한다.

인간이란 원천적으로 신세를 지기 싫어하며 장미를 받고 성금을 한 후에야 비로소 그들은 자유의 몸으로 돌아오게 되는 것이다.

이러한 심리의 법칙을 악용하는 경우가 우리 주변에 많다.

한 소년이 다가와 "5달러짜리 서커스 티켓을 사주세요."라고 말했는데도 거절한다면 "정 그러시다면 초콜릿 하나라도 사주세요."라고 말해 순식간에 2달러나 빼앗기는 사람이 있다.

소년은 먼저 자신의 주장을 굽히는 호의를 베풀었으며, 이 유발기제에 의한 당신의 행동은 불 보듯 뻔한 결과가 아닌가.

이렇듯 상대방이 거절할 수 없는 호의를 먼저 베푸는 것이 심리전에서 이길 수 있는 하나의 방법이다. '상대방을 나에게 빚진 상태로 만들어라.'라는 방법은 내가 먼저 작은 호의를 베풀어 더 큰 이득을 얻는 것이다.

I-massage와 You-massage

처칠이 80이 넘은 나이에 어느 모임에 참석한 적이 있었다. 그런데 처칠의 지퍼가 열려 있는 것을 보고 한 여인이 이렇게 말했다.

"이봐요. 바지 지퍼가 열렸군요."

그러나 처칠은 당황하지 않고 이렇게 말했다.

"걱정 마세요. 죽은 새는 결코 새장 밖으로 나올 수 없으니까."

화가 나더라도 일단 참고, 한 번 더 생각한 후, 비로소 말한다. 인내를 가지고 바른 대화법을 실천하면 언젠가는 좋은 관계를 회복할 수 있게 된다. 중요한 것은 "그"가 아니라 "나"를 바꾸려는 노력이다.

"당신은 매일 늦으시는군요."라는 식의 표현은 상대방(You)의 행동에 대해 이렇게 저렇게 말하는 것으로 상대방의 감정을 상하기 하기 십상이지만, "당신이 안 오는 동안 저는 무슨 일이 있는지 걱정했어요."라는 식의 표현은 자신(I)의 감정만을 말하는 형식이다.

너로 시작하는 '너-전달법'은 비난을 받으면 감정이 상해서 잘못을 인정하기보다는 같이 비난하기가 쉽다. 그렇게 되면 서로의 관계가 악화될 수밖에 없다.

'나-전달법'은 세 가지의 구성 요소가 있는데, 우선 문제가 되는 상대방의 행동과 상황을 구체적으로 말하고 상대방의 행동이 나에게 미친 영향을 구체적으로 말한다. 그리고 나서 그런 영향 때문에 생긴 자신의 감정을 솔직히 말한다.

예를 들어 "당신이 약속 시간에 늦어서 기다리는 동안 무슨 일이 있는 것은 아닌지 걱정했어요. 그리고 저는 초조한 마음으로 아무

일도 하지 못하고 그냥 기다릴 수밖에 없었어요."라고 표현하는 것이다.

인간의 감정이란 시시각각으로 변하므로 그러한 감정의 변화를 능숙하게 간파해낼 줄 알면 설득은 훨씬 쉬워진다. 즉 상대의 감정과 맞아 떨어지는 설득을 하면 성공할 확률이 엄청나게 상승되는 것이다.

우리 주위에도 이따금 '눈치 없는 사람'이라는 소리를 듣는 인물들이 있다. '그런 얘기를 지금 이런 자리에서 하면 어떻게 해!'라고 생각되는 말을 태연하게 해대는 사람들이다.

그런 사람은 상대의 기분이나 감정을 고려하지 않기 때문에 설득에 영 서투를 가능성이 크다. 상대방이 내 말을 잘 따라주기를 원한다면 상대의 감정을 정확하게 읽어내고 '오늘은 별로 때가 좋지 않구나.' 하는 시점에서 설득을 삼가는 것이 좋다. 언제 어디서든 설득을 하겠다고 덤비면 번번이 실패만 하게 마련이다. 따라서 상대의 입장이 되어서 상대가 잘 받아들일 수 있는 때를 노려 설득에 나서는 것이 성공 포인트이다.

공감 능력이 행복력

첫눈이 기다려지는 이유는 무엇일까? 누군가와 그 눈을 함께 맞고 싶어서이다. 누군가와 함께 할 수 있다는 것이야말로 행복이지 않을까?

아무리 아름다운 곳을 여행한다 할지라도 누구와 함께 하느냐가 더 중요하다. 오늘도 누군가와 함께 할 수 있어 행복하다. 일상의 작은 행복도 누군가와 공감할 수 있을 때 배가된다. 함께 공감할 수 있다는 것……

공감 능력은 상대방이 느끼는 감정을 그대로 느낄 수 있는 능력을 말한다. 다른 사람이 즐거워하면 자신도 즐거워하고, 다른 사람이 아파하면 자신도 아파할 수 있는 능력이다.

심리학자들에 의하면 성폭행, 어린이 유괴, 살인 등의 잔인한 범죄를 저지르는 사람들의 공통점은 공감능력이 부족하기 때문이라고 한다. 피해자들이 느끼는 고통을 스스로 느끼지 못하기 때문에 연쇄적으로 범죄를 저지르게 된다는 것이다.

공감은 심각한 상실이나 시련을 겪은 사람을 동정하는 감정이 아니다. '같은 마음'이 된다는 것은 마음이 통하고, 즐겁고, 유쾌해지는 것을 의미한다.

상대방과 공감을 나눈다는 것은 그 사람이 혼자서만 문제를 떠안고 있다고 느끼지 않도록 하는 행위다. 다른 사람의 고통을 함께 느끼고 나누는 것이 두렵다면 공감은 불가능할 것이다. 또한 공감은 상대를 받아들이고 관계를 맺으면서 더 충만한 인생을 경험하고 상대를 한층 더 가깝게 느끼는 길이다. 공감하고 배우면서 인간적인 발전을 이루는 것이다.

공감을 표현할 수 있는 사람이 되면 자연히 당신 주위에 사람들이 모일 것이다. 상처와 불평을 나누기 위해서가 아니라 이해를 구하기 위해서 말이다.

혼자만의 세계에 갇혀 삶에 의문을 제기하고 있을 때 누군가의 공감만으로도 마음의 변화가 생기고 다시 용기를 얻을 수 있다.

⑩ 말다툼은 결코 싸움에서 승리할 수 없다

　세상에는 나와 다른 의견, 다른 생각을 가진 사람이 많다. 이 단순한 사실을 우리는 흔히 잊고 산다. 세상이 모두 내 마음 같으려니 하는 환상이 나를 실망시키고 배신감을 갖게 한다.
　이 진리를 일찍 터득하는 사람은 나와 다를지라도 배신감을 갖거나 핏대를 올리지 않는다. 나도 옳고 너도 옳다.
　그러나 자기주장도 강하게 펴야 하겠지만 다른 사람의 의견도 잘 들어야 한다. 나와 반대되는 의견이 있다는 것을 인정해야 한다. 뜻이 큰 사람은 여기서 다르다. 좋은 의견이라고 찬사까지야 할 필요 없지만 "아, 그런 방법도 있겠군요." 하며 일단 긍정하자.
　행여 상대가 어처구니없는 이야기를 하거든 상대를 하지 않으면 된다. 당신의 말꼬리를 물고 늘어지더라도 잠자코 있으면 된다. 누가 들어도 억지다 싶거든 더 이상 대꾸를 하지 말자.
　사람들은 바보가 아니다. 누가 옳고 누가 그른가는 이미 다 알고 있다. 이기고 진 것도 이미 결판난 상태다.
　내가 가만히 있으면 남들이 뭐라고 할까? 아주 당했다고 생각하지는 않을까? 그래서 한마디 해 버리면 당신은 상대의 궤변에 말려들고 만다. 그때는 똑같이 진흙탕 물에서 싸움질하는 꼴이 되어버린다.

세상 사람들은 말다툼으로써 사람을 설복시킬 수 있다고 생각한다. 그러나 이처럼 큰 잘못은 없다. 말다툼이란 것은 논쟁자들로 하여금 더한층 자기가 정당하고 상대편이 잘못이라는 확신을 견고케 하는 결과에 그치고 마는 것이다.

말다툼은 결코 싸움에서 승리할 수 없다. 왜냐하면 말다툼에서 졌다는 것은 확실히 진 것임에는 틀림없지만 말다툼에 이겼다는 것도 역시 진 것이 되는 것이다.

현명한 사람은 이기고도 지는 싸움보다 지고도 이기는 싸움을 한다.

인생이란 언제까지나 학교의 토론회와 같은 것은 아니다. 토론회에서 이기면 상품을 탈 수 있지만 현실에 있어서는 말다툼에 이겼다고 해서 무슨 소득이 있는 것은 아니다. 그렇기 때문에 인생의 경험을 쌓으면 쌓을수록 말다툼의 쓸데없음을 깨닫게 된다. 그리고 말다툼이란 결국 이것을 피하는 것이 가장 현명하다는 결론에 도달하게 되는 것이다.

상대편의 의견을 여지없이 묵살해 버렸다 해도 그것이 과연 무슨 소용이 있겠는가? 아마 기분은 좋아질지 모르지만 상대편은 패배감을 느끼게 되고 자신의 자존심이 상하게 되었다는 것을 분하게 생각하면서 자신의 의견을 굽히지 않기로 결심할 것이다. 다시 말하면 말다툼에는 이겼으나 호의를 잃어버리게 되는 것이다.

11 대화 시 바른 자세

좋은 대화는 일상에 활력을 불어 넣고 사업을 성공으로 이끌며, 신실한 우정과 화목한 가정을 약속한다.

많은 이들이 대화를 통해서 상대방의 인격, 성정, 사고의 깊이와 너비를 가늠한다. 말은 마음의 옷과 같기 때문이다.

즐거운 대화를 위해선 나름의 에티켓을 지켜야 한다. 대화하는 사람 사이의 거리는 60~70cm가 이상적이다. 너무 가까이 다가가면 상대에게 불쾌감이나 위협받고 있다는 느낌을 줄 수 있다. 그 외 일상 대화 중 염두에 두어야 할 사항에는 다음과 같은 것들이 있다.

- 시선은 상대방의 얼굴에 둔다. 주위를 두리번거리거나 대화 중 창문 등 엉뚱한 곳을 뚫어져라 응시하는 것은 큰 실례가 된다.
- 팔짱을 끼거나 다리를 포개지 않는다. 거만하고 몰상식한 사람이란 평을 들을 수 있다.
- 다리 떨기, 머리카락 만지기, 손 비비기, 손톱 깨물기, 몸 흔들기 등 좋지 않은 버릇이 무의식중에 드러나지 않도록 주의한다.

- 너무 심한 사투리, 불명확한 발음은 삼간다. 발음은 훈련에 의해 개선이 가능한 만큼 적절한 속도로 분명하게 말하는 연습을 한다. 소리 내어 책 읽기를 반복하면 도움이 된다.
- 속어, 비어, 유행어 사용을 센스와 개방성, 의식의 참신함을 드러내는 일로 오해하는 사람들이 있다. 허물없는 친구 사이가 아니라면 품위 있는 언어를 사용하는 것이 좋은 대화법의 제1원칙이다.
- 억양에 신경을 쓴다. 지나치게 높은 톤은 사람을 경박스럽게 보이게 하고 반대로 너무 저조한 억양은 분위기를 무겁게 만든다.
- 말 가로채기, 양해 없이 화제를 바꾸는 것은 무례한 행위다.
- 상대방의 입장을 고려해 적합한 언어를 구사한다. 바른 경칭, 호칭의 선택이 그 첫걸음이다. 상대가 쉽게 이해할 수 있는 용어를 사용하는 것도 예의다.
- 누구든 대화에서 소외됐다는 느낌을 받게 해서는 안 된다. 좀처럼 말할 기회를 잡지 못하는 사람에겐 적절한 질문을 던져 대화 참여를 유도한다.
- 목소리는 타고나는 것이지만 노력에 의해 좋아질 수 있다. 자신의 목소리에 잘 맞는 높낮이와 억양을 선택한다. 듣기에 부드럽고 편안하다는 느낌이 들 때까지 여러모로 연습한다.
- 첫 대면에서 여성의 나이나 결혼 여부를 묻는 것은 실례다.

좋은 대화 상대가 되는 법

훌륭한 대화 상대가 되려면 다른 이의 마음을 짐작할 수 있어야 한다.

좋은 말은 더 기분 좋게, 부담스러운 내용이라도 실망이나 다툼보다는 상호 이해에 이를 수 있도록 부드럽게 처리하는 요령이 필요하다. 성의 있고 진실한 자세, 상대에 대한 세심한 관찰, 긍정과 공감에 초점을 둔 대화 기법이 안정감 있는 인간관계를 보장한다.

◆ **좋은 청중이 되자**

말을 잘하는 사람은 남의 말을 잘 듣는 사람이다. 평판 좋은 이들을 보면 대개 말수가 적고, 상대편보다 나중에 이야기하며, 다른 이의 말에 세심히 귀 기울인다. 그리고 대화의 목적을 파악한 뒤 그 기준에 맞추어 상대의 말을 경청한다.

상대방의 말이 채 끝나기 전에 어떤 답을 할까 궁리하는 것은 좋지 않다. 주의가 분산돼 경청에 몰입하기 어려워진다.

상대편의 성격, 인품, 습관을 파악하는 데에도 신경을 쓴다. 불필요한 감정, 시간의 소모 없이 생산적인 대화를 이끌어가기 위해서다.

> 대화 중 해서는 안 되는 질문들이 있다. 대표적인 것이 신체 사이즈, 염색이나 의치 사용, 수술 경험 등이다. 급여, 경제 상황, 부부 생활, 신체적 약점에 대해서 질문하는 것도 큰 실례다.

◆ 칭찬을 아끼지 말자

사람은 자신을 칭찬하는 사람을 칭찬하고 싶어 한다. 그러므로 남을 칭찬하는 것은 곧 나를 칭찬하는 일이다. 누구라도 한두 가지 장점은 있게 마련이다. 그것을 발견해 진심 어린 말로 용기를 북돋워 준다.

그렇다고 거짓 찬사를 늘어놓는 것은 사이를 더 뒤틀리게 할 뿐이다. 아첨인지 칭찬인지는 듣는 사람이 더 빨리 파악한다. 또 한 가지, 심리학자 아른손의 연구에 의하면 사람들은 비난을 듣다 나중에 칭찬을 받게 됐을 때 계속 칭찬을 들어온 것보다 더 큰 호감을 느낀다고 한다.

◆ 공감하고 긍정하자

가장 쉬운 방법은 상대편의 말을 그대로 반복하는 것이다.

"요즘 사업하기 너무 힘들어요."라는 말을 들으면 곧 "정말 힘이 드시겠어요." 하고 맞장구를 쳐준다.

사람은 자신의 희로애락에 공감하는 이들에게서 안정감과 친근감을 느낀다. '긍정의 기술'도 필요하다.

"얼굴이 왜 그렇게 안 좋아요?" 하는 것보다는 "요즘 바쁘신가 봐요. 역시 능력 있는 분은 다르군요."라고 말해 주는 편이 훨씬 낫다.

"당신도 이렇게 멋있어!" 하는 말보다는 "당신 참 멋있어!"라고 담백하게 표현하는 쪽이 더 긍정적이다. 그때그때 적절한 감탄사, 맞장구와 조심스러운 의견 제시는 상대방으로 하여금 당신이 자신의 말을 경청하고 있다는 느낌을 갖게 한다.

◆ **겸손은 최고의 미덕**

타인 앞에서 자신의 장점을 자랑하고 싶은 것은 인지상정이다. 그러나 이러한 욕구를 적정선에서 제어하지 못하면 만나기 껄끄러운 사람으로 낙인찍히게 된다.

내면적 자신감을 갖고 있는 것과 잘난 척하는 것 사이에는 큰 차이가 있다. 장점은 남이 인정해 주는 것이지 자신이 애써 부각시킨다 해서 공식화하는 것이 아니다. 또 너무 완벽해 보이는 사람에겐 거리감이 느껴지게 마련이므로, 오히려 자신의 단점과 실패담을 앞세우는 것으로 더 많은 지지자를 얻을 수 있다.

여러 사람 앞에서 이야기할 때 시선을 한 사람에게만 고정시켜서는 곤란하다. 전후좌우로 차례를 바꿔가며 2~3분씩 시선을 맞춘다. 청중을 전혀 보지 않거나 가져온 원고를 줄줄 읽는 것도 좋지 않다.

◆ **과감히 공개하자**

비밀의 공유는 강력한 유대감을 불러온다. 그러므로 좋은 관계를 유지하고 싶은 상대에게 내면 일부를 솔직히 공개하는 것은 상당한 효력을 발휘한다. 이는 곧 '나는 당신을 나 자신처럼 믿는다.'는 신뢰의 표현이기 때문이다.

◆ '뒷말'을 숨기지 말자

별것 아닌 일에도 버릇처럼 중의적인 표현을 사용하는 사람들이 있다. 곧이곧대로의 칭찬, 감탄 대신 석연치 않은 뉘앙스를 풍기는 것은 듣는 이를 가장 기분 나쁘게 하는 어법 중 하나다.

특수한 상황이 아니라면 비꼬거나 빈정대는 듯한 표현은 멀리하는 것이 좋다.

산뜻한 칭찬과 비판이 대화의 격을 높인다. 반대로 단정적인 말도 금물이다. 뜻은 같되 완곡한 표현법을 익힌다.

◆ 첫마디를 준비하자

대화에도 준비가 필요하다. 첫 만남을 앞둔 시점이라면 어떤 말로 이야기를 풀어갈지 미리 생각해 둔다. 재치 있는 말이 떠오르지 않을 때는 신문, 잡지를 참고하거나 그날의 대화 주제와 관련된 옛 경험을 떠올려 본다. 사업상의 만남이라면 한두 가지라도 상대가 미처 생각하지 못하고 있을 법한 분야에 대한 지식을 쌓아두는 게 큰 도움이 된다.

◆ 이성과 감성의 조화

논리적 언변은 대화를 이끌어가는 데 큰 힘이 된다. 그러나 이견이 있거나 논쟁이 붙었을 때 무조건 앞뒤말의 '논리적 개연성'만 따지고 드는 자세는 사태 해결에 도움이 되지 않는다. 설사 논쟁에서 승리한다 해도 두 사람의 관계는 예전으로 돌아가기 어려울 것이다.

학문적, 사업적 토론에는 진지하게 임하되 인신공격성 발언은 피하고, 제압을 위한 논리가 아닌 합의를 위한 논리를 지향한다. 또 일단 논쟁이 일단락된 다음에는 반드시 서로의 감정을 다독이는 과정을 밟는다. 논쟁 자체가 큰 의미가 없는 것일 땐 감정에 호소하는 말로 사태를 수습하는 것도 나쁘지 않은 방법이다.

◆ 대화의 룰을 지키자

좋은 대화에는 일정한 규칙이 있다. 상대방의 말을 가로막지 않는다, 혼자서 대화를 독점하지 않는다, 의견을 제시할 땐 반론 기회를 준다, 임의로 화제를 바꾸지 않는다 등 익히 알고 있는 것들이지만 지키기는 쉽지 않다.

말을 주고받는 순서, 그리고 자기가 쏟아내는 말의 분량을 늘 염두에 두고 있으면 실수를 줄일 수 있다.

◆ 완전한 문장을 말하자

그냥 "됐어요."보다 "저 혼자 옮길 수 있습니다.", "갈게요."보다 "다녀오겠습니다."가 훨씬 단정하고 분명하다.

축약된 말은 자칫 무례하거나 건방지다는 느낌을 주게 되고 의사소통의 정확성에도 혼선을 가져온다. 바른 말로 이루어진 완전한 문장이 말하는 이의 품격을 높여 준다.

◆ 효과적인 보디랭귀지

사람은 언어만으로 의사소통을 하는 것이 아니다. 자세, 손의 움직임, 시선 접촉, 공간 사용 등 다양한 코드를 통해 속뜻을 표현한다.

사람들은 특별한 학습 없이도 다른 이의 보디랭귀지(몸짓언어)를 이해하는 능력을 갖추고 있다. 그러나 능숙하게 사용하는 것은 또 다른 문제여서 은연중 신중치 못하거나 부적절한 반응으로 낭패를 볼 수도 있다.

먼저 당신의 모든 동작과 움직임은 어떤 성격 내지는 의도를 내포하고 있음을 인식한다.

하품, 팔짱, 출입구 쪽에 자리 잡기, 딴 곳을 향하는 시선 등은 부정적인 심리를 대변한다. 그러므로 상대에게 자신의 속마음을 송두리째 드러낼 생각이 아니라면 무의식적인 행동 하나하나에도 주의를 기울여야 한다.

특히 사업상의 만남이나 갈등을 조절해야 할 시점일 땐 더욱 그렇다. 또 같은 동작이라도 문화권에 따라 전혀 다른 뜻으로 해석될 수도 있는 만큼 여행 중에는 방문국의 대표적 보디랭귀지에 대한 사전지식을 갖고 가는 것이 현명하다.

12
아랫사람을 다스릴 줄 알아야 진정한 리더다

아랫사람에게 덕德을 쌓지 않으면 절대로 출세할 수 없다.

지혜가 있는 사람은 아랫사람을 잘 활용할 줄 아는 사람이다. 아랫사람과 단절의 벽을 쌓고 있는 지도자는 훌륭한 상사로 진급될 수 없듯이, 후배들로부터 뭔가를 배우겠다는 자세가 없는 사람은 무능한 사람으로 전락하고 만다. 직장 상사 중 "내 말이 말 같지 않아?"라고 소리치는 사람은 대개 매우 권위적이다. 아랫사람의 의견을 번번이 묵살해 버리고 자기 의견만 고집한다는 공통점을 가지고 있다.

권위적인 사람일수록 자기보다 나이가 적거나 지위가 낮은 사람에게 절대복종을 요구한다. 받아들여지지 않으면 이성을 잃고 고함을 친다. 그러나 권위란 저절로 우러나오는 존경심과는 달리 조금만 틈이 생겨도 반항과 도전을 불러일으킨다. 따라서 윗사람이 권위를 내세워 소리를 지를 때면 그 밑에 있는 사람들 대부분은 속으로 욕을 하기 마련이다. 그 명령이 마음으로부터 받아들여지지 않기 때문이다. 따라서 다음을 유념해야 한다.

첫째, 아랫사람을 무시해서는 안 된다

어떤 회사에 가 보면 '네가 알면 얼마나 알아?' 하는 식으로 매사에 철저히 아랫사람을 얕잡아 보는데 이런 사람은 자기의 결코 많지 않은 경험과 실력으로 군림하려는 태도이다.

이런 사람이야말로 일일이 잔소리를 해야 직성이 풀린다. 이런 식의 잔소리는 유치원에 다니는 친자식에게조차 먹혀들지 않는다. 부하 직원은 '무서워서 피하냐? 더러워서 피하지.' 하면서 입을 다물어 버린다.

이때부터 인간관계가 깨지는 것이다. 상사는 자기도 모르는 사이에 후배나 부하를 통솔하지 못하는 무능한 위치로 전락하게 된다.

둘째, 상대가 아래라 해서 거드름을 피워선 안 된다

아랫사람에게 거드름을 피우는 것은 자신이 상대보다 위라는 걸 끊임없이 확인하기 위해서다. 이런 사람들은 업무보다는 지위에만 관심이 있는 사람으로서 그런 사람일수록 윗사람에게는 손이 닳도록 아부를 한다.

셋째, 자상하게 가르쳐야 한다

자신을 이끌어 준 윗사람의 은혜에 보답하는 것이라 생각하고 윗사람에게서 배운 것을 아랫사람에게 가르쳐 주어야 한다.

넷째, 아랫사람에게도 한 수 배운다는 자세를 잃지 말아야 한다

노래방에서 아랫사람에게 최신 유행곡을 배울 수 있듯이 그들로부터 젊은 시각으로 보는 사회의 흐름을 느낄 수 있고 새롭게 전개되는 유행도 배울 수 있는 것이다.

다섯째, 말을 아껴야 한다

아랫사람을 많이 거느리는 사람일수록 말을 아껴야만 그들을 통솔할 수 있다. 말 많은 사람의 속은 빤히 들여다보이기 때문이다.

| 에필로그 |

시골에서 태어난 시골뜨기 윤치영, 사람들 앞에선 고개도 들지 못하던 내성적이고 소심한 성격이었습니다. 그래서 말 잘하는 친구들이 부럽기만 했지요.

그는 늘 많은 사람들 앞에 멋지게 스피치하는 모습을 동경하며 살았습니다. 그렇게 열심히 살다가 40세를 훌쩍 넘긴 어느 날 우연히 작은 공간에서 갇혀 사는 자신의 모습을 발견하게 되었고 지금 사는 모습보다 더 넓은 곳에서의 영향력 있는 삶을 꿈꾸게 되었습니다.

내 안에 잠재되어 있는 강한 에너지가가 무엇일까?

그 에너지가 바로 '강의에 대한 욕구'였습니다. 사람들 앞에서 사람들을 감동시키고 변화시키는 그런 멋진 강의를 하고 싶었던 것입니다.

강의를 하려면 어떻게 하지?

'그래, 강의를 하려면 인지도가 있어야 하고 그래야 강의를 불러주지. 그러기 위해서는 내 책을 써보는 거야.'라는 생각과 함께 닥치는 대로 읽고 쓰고, 그리하여 3년 만에 원고를 완성하게 되었는데 산

넘어 또 산이었습니다.

원고는 완성되었지만 어떻게 풀어야 할지 막막했습니다.

아무튼 원고가 완성되는 날, 설레는 마음으로 서울에 있는 출판사를 찾아 다녔지만 출간하겠다는 출판사가 없어 낙담하던 중 서울 종각에 있는 을유문화사를 통해 책을 출간하면서 지금은 39여 권의 책을 세상에 내놓게 되었습니다.

아무튼 '책 쓰는 일'과 '강의하는 일'이 직업이 되었고 지금은 대전 둔산에 윤치영YCY스피치를 운영하고 있거니와 멀리 부산에서 강의를 들으러 오는 젊은이가 있는가 하면 포항을 비롯해 대구, 김천, 영동, 진천, 옥천, 천안, 무주, 예산, 공주, 홍성 등 주변에서 찾아오는 면접 프레젠테이션, 발표 등 화술과 스피치 교육으로 유명한 명문 교육기관이 되었습니다.

그 공간은 제가 외부 출강이 없을 때에는 하루 종일 생활하는 공간이기도 하며 이곳에서 강의도 준비하고, 글도 쓰고, 출강준비나 칼럼도 쓰고, 때론 나를 들여다 보고 나를 관조하는 공간이기도 합니다.

살다 보니 세 가지 생활철학이 생겼습니다.

첫 번째는 '순간순간 감동적으로 살아라.'는 것입니다.

저에게는 이곳저곳에서 많이 이들이 찾아와 주고 있습니다. 그들을 상담하고, 코칭하고, 치유하고, 어루만져줌으로써 새로운 꿈과 희망과 용기를 갖게 하는 일이 즐겁고 보람을 느끼기에 감동하지 않을 수 없습니다.

둘째는 '즐기며 살아라.'는 것입니다.
지지자불여호지자 知之者 不如好之者. 호지자불여낙지자 好之者不如樂之者 는 말이 있는데 이는 '아는 것은 좋아하는 것만 못하고, 좋아하는 것은 즐거워하는 것만 못하다.'는 말입니다. 그런데 즐기는 자보다 한 수 위에 있는 사람이 있는데 '될 때까지 하는 사람'입니다. 포기하지 마시고 죽을 때까지 당신의 일을 즐기시기 바랍니다.

셋째는 '끊임없이 쇄신하라.'는 말입니다.
4차 산업혁명의 시대에 살아남는 방법은 끊임없이 변화하고 움직이는 것입니다.

저에게는 교육지침이 있습니다. 저를 찾아오시는 분들은 대중 앞에서의 울렁증, 소통 공감에 문제가 있어서, 논리적이기 못하기 때문에 오시지만 스피치는 스킬의 문제가 아닙니다. 내적 에너지의 문제입니다.

부정 에너지를 긍정 에너지로 바꿔주어야 합니다. 긍정 에너지가 온몸에 흐르게 하면 모든 문제들이 해결됩니다.

그리고 토설입니다. 내적 트라우마나 스트레스, 화 등 부정적 요소를 녹여내는 방법은 내 안에 있는 소리를 밖으로 토해내도록 해드리는 것입니다. 당사자는 잘 인지하지 못하겠지만 교육과정 중에 녹아 있는 방법으로 그렇게 변화를 시켜드리고 있으며 스피치와 리더십뿐 아니라 인생 전반을 치유해 드리는 일을 하고 있습니다.

제가 좋아하는 말이 '선택과 집중'입니다. 4차 산업혁명의 시대에 수많은 직업들이 없어지고 새로운 직업들이 부상하고 있습니다. 혼란스러울 수도 있습니다만 이리저리 기웃거릴 시간이 없습니다.

자신이 선택한 일에 사명감을 갖고 집중하시오.

호시우보 虎視牛步라는 말이 있는데 호랑이 눈처럼 예리하게 미래를 예측하면서 황소처럼 우직하게 자신의 길(My way)을 걸어갑시다. stay hungry stay foolish입니다.

스티브잡스가 스탠포드 대학에서 한 연설 중에 나오는 말입니다.

우직함과 함께, 간절함과 함께······.

인생을 도전하는 이들에게 전하고 싶은 말이 있습니다. 그것은 실패나 시련을 두려워하지 말라는 것입니다.

어떠한 험난한 길이 닥쳐도 포기하지 않고 가야만 하는 것이 인생 길입니다. 오히려 실패가 절박하고 간절함을 갖게 합니다. 그 절박함이 사람을 움직이게 하고 급기야 삶의 전반에 변화를 가져오게 합니다. 마치 바다에서 잡은 숭어를 신선하게 운반하는 방법은 운반선에 천적인 메기를 집어넣는 것처럼 위기의식과 처절한 실패가 새로운 돌파구를 만듭니다.

파렴치한 자존심이나 도그마(다른 사람들의 생각)에 매달리지 마시고 우직하게 자기가 좋아하는 일을 찾아 정진하십시오. 세상이 몰라주어도 포기하지 말고 우직하게 나의 길My Way을 가는 것입니다. 낭중지추囊中之錐라는 말처럼 주머니 속의 송곳은 언젠가는 드러나게 되어 있는 법입니다.

제가 강의 중에 자주 인용하는 말이 '즐거워할 줄 아는 능력이야말로 성공인의 가장 중요한 능력'이라는 것입니다. 일에서뿐만 아니라 어떤 인간관계이건 그것은 삶의 즐거움을 늘릴 수 있는 관계여야 합니다.

즐거움에는 본질적으로 사람을 사로잡는 힘이 있기 때문에 사람들은 즐거움에 저항하지 못하게 되어 있습니다. 스스로 즐거움을 느끼고 있으면 사람들은 저절로 끌려오게 되어 있습니다.

저는 자신 있게 말합니다. 무엇을 배우든 '경험보다 좋은 스승은 없다.'고…….

사람 앞에서 말이 잘되지 않습니까? 그 이유는 성격이 내성적이어서도, 능력이 모자라서도 아닙니다. 다만 경험이 없어서 부담이 되고 심지어는 두렵기까지 한 것입니다.

대중 앞에서 자유을 누리는 방법은 반복적으로 경험을 쌓는 길입니다.

저는 요즈음도 끊임없이 무언가를 쓰고 있습니다. 아마도 존재감을 느끼기 위해 의자에 앉아 무릎을 떨고 있는 젊은이들처럼…….

지금까지 수많은 외부 강연이나 세미나 등에서 기업의 최고 경영자나 팀의 리더들을 만날 수 있는 기회가 많았는데 그들이 지닌 공통점의 하나가 바로 그들 또한 매우 긍정적이고 적극적이며 신념적인 화법을 구사한다는 점입니다.

저는 39권의 책을 썼고 3천여 회의 강의를 하면서 깨닫고 깨달은 점이 바로 긍정의 힘입니다. 세상을 살아가면서 '부정은 부정을 낳고, 긍정은 긍정을 낳는다.'는 진리보다 더 상위의 진리는 없는 듯합니다. 더 나아가 성공한 리더들이 지닌 공통점 중의 하나가 바로 그들은 뛰어난 긍정 화술의 달인이라는 점입니다. 그래서 그간 쓰고 강의한 것의 결론이 될 만한 책을 쓴 것입니다. 바로 긍정화법입니다.

저에게는 두 가지 꿈이 있습니다. 그 하나의 연수원을 짓는 것이었고, 다른 하나는 평생 현역으로 저술활동과 강의활동을 멈추지 않는 일입니다.

이미 하나는 이루어졌습니다. 큰 연수원이 아니지만 후학들을 가르치는 공간을 만들어 운영하고 있기 때문이죠. 큰 꿈도 좋지만 현실을 인정하면 감사할 수 있다는 사실이 새롭습니다.

또 다른 꿈은 현재 진행 중입니다.

적지 않은 나이에 부르는 곳에 찾아가 강의하고 출강하며 각지에서 윤치영YCY스피치를 찾아 주십니다. 그들에게 자신감과 리더십, 인생의 지혜와 긍정적 삶의 자세로 무장시켜 세상 밖으로 당당히 나설 수 있도록 강의하고 코칭하고 있으니까요.

앞으로도 지속적으로 출강하고 강의하고 저술하기 위해서는 체력이 최종실력이라는 신념으로 틈틈이 헬스장에 나가 근력운동과 균형감각운동 그리고 유산소 운동을 하고 있습니다. 그리고 YCY교육포럼 산하에 있는 골프회, MTB라이딩, 산악회, 독서와영화회, 여행단을 쫓아다니며 그들과 함께 재미있게 건강하게 축복하며 즐기고 있습니다.

저는 강의할 때가 가장 행복하고 멋있다고 합니다. 자신감에 충만해 있고 몰입하기 때문입니다.

그동안 쌓아온 경험과 지혜를 생활에 적용될 수 있도록 하겠습니다.

부록
긍정화
긍정적 자기 암시적 선언

나는 날마다, 모든 면에서, 점점 더 좋아지고 있다.
Day by day, in Everyway, I am getting better and better.

— 에밀 쿠에 Emile Coue

　사람들이 평소에 주로 하는 말은 자신이 평소에 그리는 이미지와 마찬가지로 중요하다. 심지어 "입버릇이 운명을 바꾼다."라고 말하는 사람까지 있을 정도다.

　사람들은 태어나서 성인이 될 때까지의 20년 동안 보통의 가정에서 18만 번 이상의 부정적, 소극적, 파괴적인 메시지를 샤워기의 물처럼 받고 산다. 즉 하루 평균 20회 정도 듣는 이런 메시지들은 어느새 그 사람의 말하는 습관, 버릇, 사고습관이 되어 버린다.

　그 결과 18만 번 이상의 생각과 사고가 빠르게 머릿속을 지나가게 되고, 대부분 자동적으로 프로그램화되면서 결국 부정적이고 소극적인 일에 지배당하는 사람들이 늘어나게 된다.

　이는 비극처럼 보이겠지만 이미 그 사실을 알고 있는 여러분에게는 기쁜 소식이다. 왜냐하면 여러분이 지금까지 능력을 발휘할 수 없었던 이유 한 가지를 알게 되었기 때문이다.

이제는 잘못 짠 프로그램을 수정해 나가는 일만 남았다. 구체적으로 말하면, 긍정적, 적극적, 건설적인 메시지의 샤워를 적어도 하루 20회 이상 계속해서 받으면 된다.

어제보다 오늘, 오늘보다 내일, 여러분의 머릿속 프로그램은 여러분이 더 많이 끌리는 방향으로, 그리고 자기 이미지도 더 높은 쪽으로 작용하게 된다. 또한 여러분은 앞에서 배운 시각화의 힘을 이용해서 본래 여러분이 도달해야 할 곳을 잠재의식에 입력하게 된다. 이때 필요 없는 프로그램은 삭제되고, 새로운 프로그램이 설치된다.

상상력을 이용한 '시각화visualizing'와 함께 새로운 프로그램을 의식적으로 만드는 방법이 바로 '애퍼메이션affirmation'이라는 긍정적인 선언과 확신이다.

긍정적인 자기암시적 선언, 즉 애퍼메이션(affirmation, 이후 긍정화로 통일)이란 "모든 것이 점점 더 좋아지고 있다.", "내 꿈은 최고의 타이밍으로 실현되고 있다."고 하는, 여러분의 인생을 원하는 방향으로 이끄는 강력한 힘을 지닌 말이다.

오늘부터 마음에 드는 자기암시적 선언 하나를 선택해서 계속 되뇌어 보도록 하자. 그렇게 되면 앞서 배운 시각화와 함께 더 큰 상승효과가 생겨날 것이다.

긍정화를 할 때 기억해야 할 일

1. '나' 또는 '나는'을 사용한다.

'나는'은 우주에서 가장 강력한 창조 명령이다. '나는' 다음에 오는 것은 무엇이든 현실로 나타나는 경향이 있다. "나는 내 풍요의 근원이다.", "나의 기회와 가능성은 날마다 확장되고 있다."와 같이 강력한 창조력을 가진 '나' 또는 '나는'을 사용해서 긍정화 진술문을 만들자.

2. 말은 미래형이 아니라 현재형으로 한다.

가능하면 과거완료형, 감사완료형으로 되뇌는 것이 효과적이다. 예컨대 "이루어지면 좋겠다 → 이루고 싶다 → 이룰 예정이다 → 이루어져 가고 있다 → 이루어지고 있다 → 이루어졌습니다, 감사합니다."라고 말하면 이 순서대로 말에 의한 실현력이 점차 강해진다.

"이루어지면 좋겠다.", "이루고 싶다(이루어지기를 원한다)."는 말은 "아직 이루지는 못했다."는 메시지를 잠재의식에 보내는 작용을 한다. 잠재의식은 주어는 모두 1인칭으로 이해한다. 따라서 계속해서 이루지 못하는 상황을 창조하게 된다.

주의하자. 단 "이루어졌습니다."라고 과거완료형으로 말하는 것이 왠지 거짓말이라는 생각이 강하게 들면, 그냥 무난하게 "이루어져가고 있다."는 선언부터 되뇌어 보자.

3. 긍정적인 표현을 사용하자.

예컨대 "긴장하지 말고 말하자."가 아니라 "긴장을 풀고 당당하게 말하자."는 식으로 말이다. 잠재의식은 부정형을 긍정형으로 이해하는 특징이 있다. 그러므로 '~하지 말아야지.' 하고 의식하면 할수록 '~하게' 된다.

4. 짧은 문장으로 한다.

너무 긴 문장이 아니라 간단하게 되뇔 수 있고 길을 걸어가면서도 수시로 몇 번씩 되뇌기 쉬운 말로 고르도록 하자. 긍정화 진술문은 주문呪文, mantra 같아야 한다. 짧고 간단하며 말하기 쉽고 반복하기 편해야 한다. 선언은 계속해서 반복하는 긍정적인 생각이다. 선언을 반복하면 그 말은 곧장 무의식에 닿게 되고, 곧 현실화 과정이 시작된다. 반복하기 쉽도록 짧으면 짧을수록 좋다.

또한 여러분의 감정이 강하게 배어 있는 것이 좋다. 감정이 강하게 실린 문장일수록 마음속에 더욱더 선명한 흔적을 남기기 때문이다.

5. 자신에게 어울리는 말로 한다.

다른 사람에게는 효과가 있었던 것이 자신에게는 전혀 쓸모가 없는 경우도 있다. 긍정화를 하면 기분이 밝아지고 마음에 거리낌이 없어져야 하며, 무언가 찡하고 가슴에 와 닿으면서 새로운 힘이 솟구쳐야 한다. 그렇지 않을 경우에는 문장을 새로운 것으로 바꾸거나 자신에게 딱 맞는 것 같은 느낌이 들 때까지 단어들을 고쳐보자. 그 말들이 자신에게 편안하게 느껴지고 자신과 어울린다고 여겨지는 것이 중요하다. 문장이 편안하고 의미 있게 느껴질 때, 선언의 힘이 증가하기 때문이다.

6. 자신에게 긍정적으로 느껴져야 한다.

좋은 결과를 얻으려면, 문장을 읽을 때 그 말이 긍정적으로 느껴져야 한다. 자신이 하고 있는 말이 불가능하다고 느껴지면 그 선언은 그 말 그대로의 결과를 가져다주지 않을 것이다.

애써 바꾸려고만 들지 말고 모든 감정들을, '부정적인' 것들까지 있는 그대로 인정하고 느끼는 것이 중요한다. 이런 자세로 긍정화를 해야 삶을 바라보는 새로운 시각도 싹트고 즐거운 경험들도 더욱더 많이 갖게 될 것이다.

긍정화를 할 때는 의심이나 망설임 따위는 잠시 접어두고, 마음과 정신을 오로지 긍정화에만 쏟아 부어야 한다. 그래도 회의적인 생각이나 거부감이 삐죽삐죽 솟아오른다면, 그런 생각들을 지워 버리거나 긍정적인 문장들을 직접 써내려가 보자.

가장 중요한 것은 역시 긍정의 말을 아무 생각 없이 입으로만 줄줄 외워대지 말고, 원하는 것을 현실로 만들 수 있는 힘이 이미 자신에게 충분히 있다는 마음을 갖는 것이다.

이렇게 하고 못하고에 따라 긍정화의 효과는 천지차이로 달라질 것이다. 자신의 신념(믿음, 패러다임)이 바뀌지 않은 채 입으로만 되뇌는 것은 결코 도움이 되지 않는다. 잊지 말자. 여러분의 생각과 말과 행동이 통일되어야 함을!

7. 노래를 통한 긍정화

소망을 담은 글을 간단한 노래로 만들어 불러도 효과적이다.

우리의 뇌는 리듬에 더욱 잘 반응하기 때문에, 문장도 리드미컬하게 만들고, 가능하면 멜로디를 붙여 자신만의 긍정화 노래를 만들어 보자.

기존의 쉬운 멜로디를 골라 자신의 소망을 담은 짧은 가사를 붙여 자신만의 만트라송을 만들어보자.

누구나 무난하게 사용할 수 있는 에밀 쿠에의 "나는 날마다 모든 면에서, 점점 더 좋아지고 있다."를 쉬운 멜로디에 맞춰 틈이 날 때마다, 흥얼거리는 것도 효과가 있을 것이다.

여러분은 90일 만에 다시 태어난다

최근 필자의 주변에는 짧은 문구를 하루 몇십 번, 아니 몇백 번씩 되뇌는 사람들이 많다.

그런데 이들은 하나같이 이 방법이 매우 효과적이라고 말한다.

여러분도 아래와 같이 자신만의 긍정화 카드affirmation card를 만들어 집, 회사, 화장실, 수첩 속 등에 넣거나 붙여두자.

- "고마워, 고마워, 고마워(고맙습니다)."
- "운 좋다, 운 좋다, 운 좋다."
- "기쁘다, 즐겁다, 행복하다."
- "행운이다, 다행이야, 감사해."
- "모든 게 잘되고 있어."

이 실습을 3개월에서 4개월, 하루 20회 이상, 반복해서 지속적으로 소리 내어 외우면 여러분의 인생이 갈수록 더 빛나게 될 것이라고 약속한다.

우리들 인간의 전신에 있는 60조의 세포 중 90%는 약 90일 만에 다시 태어난다. 즉 90일이 지나면 여러분의 몸 대부분이 다시 태어나는 것이다. 이 90일 동안 시각화visualizing와 긍정화affirmation를 통해 여러분의 내면부터 변화시켜보자.

90일 동안에는 시각화를 통해 입력된 잠재의식의 힘을 믿으면서 긍정화(자기암시적 선언)를 반복적으로 해보자.

그러면 그동안의 신념들이 바뀌고, 전혀 새로운 자신, 재충전된 자신, 원하는 자신이 되는 일도 결코 어렵지 않다. 그리고 그렇게 하면서 결국 '나에게 정말로 필요한 꿈이라면 반드시 최적의 시기에 실현된다.'는 확신을 갖게 될 것이다.

모든 게 다 잘될 거야

비슷한 감정과 생각은 서로를 가까이 끌어당겨서 네트워크를 형성한다. 일종의 연상게임이라고 해도 된다.

즐거운 일을 생각하면 점차 즐거운 일들이 생겨나고, 반대로 불쾌한 일을 떠올리면 불쾌한 일들만 자꾸 부각되어 나타난다.

자신이 무의식적으로 던진 말이나 생각이 바람직하지 않았다면 그 직후에 다른 말을 해서 사고의 방향을 전환시키자.

보통 처음에 어떤 생각을 하느냐에 따라 다음에 어떤 생각을 하느냐가 정해져 버린다. 따라서 첫인상의 꼬리를 물고 고정된 사고를 이루기 전에 좋은 말로 상황을 개선시켜보자.

'틀렸어.'라고 생각했다가도, '하지만 결국에는 잘될 거야.'라든가 '어려워.'라고 생각했다가도 '의외로 간단해.', '안 되면 어쩌지.' 하고 생각했다가도 '잘될 거야.', '할 수 있어.', '이루어질 거야.', '운도 없어.' 하고 생각했다가도 '고맙게도.', '두려워.'라고 생각했다가도 (어쩌면). '난 지금 스릴과 흥분을 느끼는 건지도 몰라.', '불황이니까.' 하고 생각했다가도 '잘되는 사람도 많아, 많은 사람이 불황이라고 포기하는 지금이 기회야.'라고 해보자.

그러면 그 이유가 머릿속으로 들어오면서 마침내 생각한 대로 즐거운 경험을 하게 될 것이다. 만약 이유가 전혀 떠오르지 않으면 어떻게 할까?

그때는 당당하게 이렇게 말하자.

"하지만 내가 그렇게 생각했으니까."

웃자고 하는 얘기는 결코 아니다. 여러분의 생각이 현실이 되어 나타나는 것은 분명하니까. 하지만 대부분의 사람들은 그렇게 말하면서도 반대되는 이미지를 떠올리는 일이 많다. 이른바 "노력역전의 법칙"을 일으키는 것이다.

자기최면의 권위자인 에밀 쿠에는 말한다.

"말과 상상력이 싸우면 반드시 상상력이 이긴다. 만약 말과 상상력이 손을 잡게 되면, 힘은 단순히 합쳐지는 것이 아니라 상승효과를 일으킨다."

말과 이미지가 같은 방향으로 합쳐져도 대부분 그렇듯이 그것이 행동(표정, 몸짓, 실천)으로 이어지지 못하면 결과가 발생하지 않는다. 혹은 결과가 나오기까지 시간이 걸린다. 하지만 이 세 가지 힘이 합쳐지면 상승효과가 3배 이상이 되고, 나아가 멋진 성과가 쉽게 나타나게 된다.

- 계속해서 입으로 되뇌는 일(긍정화 외우기)
- 계속해서 생각하는 일(시각화하기)
- 계속해서 행동하는 일(실천하기)

시각화와 긍정화, 그리고 꿈을 향한 구체적인 행동을 통해 여러분의 미래를 자유롭게 디자인하자. 모든 열쇠를 쥐고 있는 사람은 바로 여러분이다.

꿈을 이루는 것이 여러분의 행복이라면, 그 꿈은 반드시 이루어진다. 그리고 여러분은 이미 그 꿈을 향해 한 걸음 한 걸음 착실하게 다가가고 있다. 자기 자신에 대한 인정과 사랑이야말로 모든 꿈을 이루는 토대임을 잊지 말자.

그러면 잠재의식은 여러분에게 인정받은 사실이 기뻐서 자신감이 생기고, 나아가 내부에서 에너지를 끌어내어 여러분을 응원한다.

참고문헌

- '여러분의 소중한 꿈을 이루는 보물지도' / 모치즈키 도시타카 / 나라원
- '마음으로 한다' / 존 키호 / 정신세계사
- '그렇다고 생각하면 진짜 그렇게 된다' / 삭티 거웨인 / 도솔
- '부의 법칙' / 캐서린 폰더 / 국일 미디어
- '돈을 끌어오는 마음의 법칙' / 사나야 로만.듀엔 패커 / 물병자리

긍정화를 할 때 기억해야 할 것들

1. 언제나 미래시제가 아닌 현재시제로 말한다.
2. 가장 긍정적인 말을 한다.
3. 쉽고 간단한 문장으로 말한다.
4. 자신에게 어울리는 말을 한다.
5. 무언가 새롭고 신선한 것이라는 점을 잊지 않는다.
6. 긍정화는 자신의 느낌이나 감정을 거부하거나 변화시키기 위한 것이 아니다.
7. 바라는 대로 꼭 이루어지리라는 강한 믿음을 가진다.

— 삭티 거웨인, '그렇다고 생각하면 진짜 그렇게 된다' 중에서

긍정적인 마음으로 바꾸어 주는 확언

난 모든 면에서 하루가 다르게 나아지고 있어.
필요한 모든 것들을 힘들이지 않고 얻을 수 있어.
내 삶이 더할 나위 없이 완벽하게 피어나고 있어.
나는 지금 삶을 만끽하는 데 필요한 것들을 다 갖고 있어.
내 삶의 주인은 바로 나야.
필요한 모든 것들은 이미 내 안에 있어.
난 지혜로운 사람이야.

원래 나는 흠잡을 데 없는 완벽한 존재야.

있는 그대로의 나를 사랑하며 존중해.

모든 감정을 나의 일부분으로 받아들이고 있어.

나는 사랑하고 사랑받기를 좋아해.

나를 사랑하면 할수록, 다른 사람들에게 더 많은 사랑을 줄 수 있어.

지금 나는 자유롭게 사랑을 나누며 살고 있어.

나는 지금 따스하고 좋은 관계들을 삶 속으로 끌어들이고 있어.

OO와 나의 관계가 더 즐겁고 만족스럽게 날로 무르익고 있어.

나는 보수도 괜찮고 보람도 있는 직업을 갖고 있어.

나는 긴장을 풀고 즐기는 것을 좋아해.

나는 언제나 분명하게 다른 사람과 의사를 교환하고 있어.

나는 충분한 시간과 에너지, 지혜는 물론 내가 바라는 모든 것을 이룰 수 있는 돈까지 갖고 있어.

나는 언제나 나를 꼭 필요로 하는 곳에서 내게 맡겨진 일을 정확한 시간 안에 해내고 있어.

원하는 것들을 갖는 것쯤, 내겐 문제없어!

아, 이 넉넉한 우주! 우리 모두를 위한 풍요가 바로 여기에 있어.

넉넉함, 난 당당히 그것을 받아들인다!

지금, 무한한 풍요가 나의 삶 속으로 흘러 들어오고 있어.

난 점점 더 부유해지고 있어.

많이 가지면 가질수록 더 많이 주어야 해.

주면 줄수록 더 많이 받게 되고, 그만큼 난 더욱더 행복해질 거야.

내겐 삶을 마음껏 누리며 살 권리가 있고, 실제로 난 그렇게 살고 있어.

난 평온하며 마음의 중심이 딱 잡혀 있어. 거기다 무엇이든 할 수 있는 충분한 시간도 있어.

모든 일들이 마냥 즐겁기만 해.

살아 있다는 그 자체만으로도 행복해.

난 펄펄 날 정도로 건강하며 눈부시도록 아름다워.

난 이 넉넉한 우주가 주는 모든 선물을 기꺼운 마음으로 받아들이고 있어.

OO는 별 어려움 없이 내 손안에 들어올 거야.

내 내면의 빛이 내 삶에 기적을 만들어내고 있어.

나의 몸과 마음, 경제적 문제와 모든 관계에서 나타나는 기적 같은 일에 그저 감사할 따름이야.

모든 일들이 착착 잘 진행되고 있어.

지금 난 내 삶의 원대한 목적에 모든 것을 맞추고 있어.

난 지금 내 삶의 소명들을 하나하나 그대로 받아들이며 따르고 있어.

나를 마음껏 표현하며 건강하고 행복하게 살아갈 수 있는 것에 감사해.